JOURNÉES
DE LA
RÉVOLUTION
DE 1848
PAR UN GARDE NATIONAL.

1 vol. in-8, Prix : 3 fr. 50 c.

CONTENANT :

PAR CHAQUE JOURNÉE, Résumé des faits.— Physionomie de Paris —Compte rendu des dernières séances de la chambre des Députés et de la Chambre des Pairs. — Épisodes. — Pièces et Documents Officiels.—Proclamations et arrêtés du Gouvernement provisoire.—Départ du Roi. — Retraite de la duchesse d'Orléans à l'Hôtel des Invalides.—Séance d'installation du gouvernement provisoire. — Anecdotes touchantes. — Bons mots et Chansons. — Mosaïque. — Conclusion.

PROSPECTUS.

Cette publication n'est pas une histoire. L'impression présente est presque toujours de la passion; la passion est aveugle et partiale, voilà pourquoi le souvenir devient plus tard un miroir plus fidèle. Ce que nous avons rapporté, nous l'avons vu; nous avons aussi reproduit les récits variés publiés par les différents journaux, en y ajoutant des épisodes sur lesquels les témoins oculaires ont bien voulu nous donner des notes. Nous avons reproduit ces notes sans y rien changer,

1848

afin de conserver aux faits le caractère de la vérité.

La seule méthode que nous ayons adoptée, c'est la réunion des événements dans l'ordre chronologique de chaque journée. Chaque journée forme un chapitre, en tête de chaque chapitre se trouve un sommaire.

Nous laissons à l'avenir l'appréciation de ces faits. Aujourd'hui des sentiments généreux paraissent animer tous les esprits réunis pour l'ordre; profitons de cette union et craignons d'y porter atteinte par des commentaires ou par la discussion de questions inutiles.

Respect aux opinions vaincues, abstenons-nous de flatterie pour les vainqueurs. On a souvent reproché les adulations faites au pouvoir : point d'adulation pour le peuple, qui est aujourd'hui le pouvoir.

Dans l'enivrement du triomphe, la propriété particulière n'a pas subi d'attaques, les édifices religieux ont été respectés, et les conseils du chansonnier national ont ainsi reçu une éclatante sanction :

> Qu'on puisse aller même à la messe,
> Ainsi le veut la liberté.

Si nous avons à déplorer quelques excès de vandalisme exercés sur des objets d'art et sur des machines industrielles, au gouvernement est réservée la mission de réparer ces désastres lorsqu'il pourra les apprécier. La réprobation publique a déjà fait bonne justice de ces actes de destruction, et ceux qui s'en étaient rendus coupables paraissent eux-mêmes regretter leur égarement. Puisque nous voulons la liberté, acceptons en toutes les conséquences, même lorsqu'elles nous sont préjudiciables.

En résumé, nous nous sommes abstenus de toute manifestation d'opinion personnelle ; seulement, nous applaudissons à l'abolition de la peine de mort en matière politique, parce que les criminels de la veille deviennent les héros du lendemain ; nous applaudissons au choix fait du drapeau tricolore, parce que la couleur rouge rappelle l'idée du sang. Il n'y a pas de victoire entre les citoyens d'une même nation. Alors toute victoire est un deuil. Le drapeau noir est donc le seul drapeau de la guerre civile. Enfin, selon les admirables expressions de M. de Lamartine, le drapeau tricolore a fait le tour du monde et le drapeau rouge n'a fait que le tour du Champ-de-Mars.

Ce peu de mots prouvera au lecteur que l'impartialité a été le but principal de cette publication. Ce sont des matériaux réunis pour ceux qui auront à écrire plus tard l'histoire de ce grand drame.

L'auteur est un homme de lettres connu, bien qu'il ne se présente au public que sous sa qualité modeste de *Garde National*.

PARIS,

Mme Vve LOUIS JANET, LIBRAIRE-ÉDITEUR,

59, rue Saint-Jacques.

Paris. — Imprimerie Bonaventure et Ducessois. 55, quai des Grands-Augustins, près le Pont-Neuf.

JOURNÉES

DE LA

RÉVOLUTION

DE 1848

Paris. — Imprimerie Bonaventure et Ducessois, 55, quai des Grands-Augustins, près le Pont-Neuf.

JOURNÉES
DE LA
RÉVOLUTION
DE 1848

PAR UN GARDE NATIONAL

Contenant, par chaque journée :

Résumé des faits. — Physionomie de Paris.
Compte rendu des dernières séances de la chambre des Députés
et de la Chambre des Pairs.
Épisodes. — Pièces et Documents Officiels.
Proclamations et arrêtés du Gouvernement provisoire.
Départ du Roi.
Retraite de la duchesse d'Orléans à l'Hôtel des Invalides.
Installation du Gouvernement provisoire.
Anecdotes. — Bons mots et Chansons. — Mosaïque.
Conclusion.

PARIS
Mme Ve LOUIS JANET, LIBRAIRE-ÉDITEUR
59, rue Saint-Jacques.

1848

TABLE DES MATIÈRES.

INTRODUCTION. 9

JOURNÉE DU LUNDI 21 FÉVRIER. Faits qui précédèrent la Révolution. — Le Banquet réformiste. — Manifestation réformiste. — Actes émanés de l'autorité à cette occasion. — Séance de la Chambre des députés. — Résolution prise par les députés de l'Opposition. — Mise en accusation du Ministère. 13

JOURNÉE DU MARDI 22 FÉVRIER. Troubles sur la place de la Concorde et aux Champs-Elysées. — Barricades de la rue Saint-Honoré. — Séance de la Chambre des pairs et de la chambre des députés. — Rassemblements sur divers points. 37

JOURNÉE DU MERCREDI 23 FÉVRIER. Physionomie de Paris. — Barricades. — Dispositions de la Garde nationale. — Changement de Ministère. — Illuminations. — Massacre du boulevard des Capucines. 49

JOURNÉE DU JEUDI 24 FÉVRIER. Barricades.—Changement de ministère.— Evénements de la matinée. — Abdication du Roi.—Attaque du poste du Château-d'Eau.—Prise des Tuileries. — Fuite du Roi. — La duchesse d'Orléans à la Chambre des députés. — Proclamation de la République.   63

JOURNÉE DU VENDREDI 25 FÉVRIER. Proclamations. — Actes officiels. — Arrêtés. — Décrets. — Circulaires, etc.   117

JOURNÉE DU 26 FÉVRIER. Allocution de M. de Lamartine. — Suite des Proclamations. — Décrets et arrêtés du Gouvernement provisoire.—Audiences des Cours de cassation et d'appel. — Ordre du jour de la Garde Nationale. — Lettre de l'Archevêque de Paris. — Adhésions.   129

JOURNÉE DU 27 FÉVRIER. Suite des Proclamations et des Adhésions. — Circulaire du Ministre de l'intérieur à MM. les Préfets. — Proclamation solennelle de la République à la colonne de Juillet.—Circulaires du Ministre de l'instruction publique à MM. les Recteurs des Académies.— Arrêté du Ministre des travaux publics.   147

JOURNÉES DES 28 ET 29 FÉVRIER. Suite et fin des arrêtés et proclamations. — Ordre du jour de l'Etat-Major de la Garde Nationale. — Nouvelle circulaire du ministre de l'Instruction Publique à MM. les Recteurs des Académies. — Lettre de l'archevêque de Paris à MM. les curés.   158

ÉPISODES ET ANECDOTES.— FAITS DIVERS. Aspect de la place de l'Hôtel-de-Ville.   167

LES GAMINS DE PARIS.   179

MOSAIQUE. Le duc de Bordeaux. — Lettre de la duchesse de Berry à la duchesse d'Orléans.—Le comte de Chambord à Louis-Philippe. — Le vol à la Révolution. — Pas de mots, mais des choses. — Rapprochements curieux. — Dans un salon légitimiste. — Histoire Ancienne : la Popularité. — Louis-Napoléon Bonaparte. — Le coq gaulois.— Les ex-ministres. — La puissance de la musique. — Bons mots. — Variétés.   182

POÉSIES ET CHANSONS. Le Déluge, par Béranger.— République, par Mme Hermance Lesguillon. — République, par Jacques Arago. — Le Réveil du peuple en 1848, par Louis Festeau.— Chœur sur l'air des Girondins. — Le Chant du Départ. — Chant des Montagnards, ou Vive la République!!! — L'entrée des Tuileries : dialogue entre un ouvrier et un soldat.— La Marseillaise, chant National. — Le Drapeau de la Démocratie, par Victor Drappier. — Réveil du peuple. 203

CONCLUSION. 218

INTRODUCTION.

Cette publication n'est pas une histoire. L'impression présente est presque toujours de la passion; la passion est aveugle et partiale, voilà pourquoi le souvenir devient, avec le temps, un miroir plus fidèle. Ce que nous avons rapporté, nous l'avons vu; nous avons aussi reproduit les récits variés publiés par les différents journaux, en y ajoutant des épisodes qui nous ont été racontés par des témoins oculaires.

La seule méthode que nous ayons adoptée, c'est la réunion des événements dans l'ordre chronologique de chaque journée. Chaque journée forme un chapitre; en tête de chaque chapitre se trouve un sommaire.

Nous laissons à l'avenir l'appréciation de ces faits. Aujourd'hui des sentiments généreux paraissent animer tous les esprits réunis pour l'ordre; profitons de cette union et craignons d'y porter atteinte en soulevant des discussions dangereuses et inutiles.

Respect aux opinions vaincues, abstenons-nous de flatterie pour les vainqueurs. On a souvent reproché les adulations faites au pouvoir : point d'adulation pour le peuple, qui est aujourd'hui le pouvoir.

Dans l'enivrement du triomphe, la propriété particulière n'a pas subi d'attaques, les édifices religieux ont été respectés, et les conseils du chansonnier national ont ainsi reçu une éclatante sanction :

> Qu'on puisse aller même à la messe,
> Ainsi le veut la liberté.

Si nous avons à déplorer quelques excès de vandalisme exercés sur des objets d'art et sur des machines industrielles, au nouveau Gouvernement est réservée la mission de réparer ces désastres lorsqu'il pourra les apprécier. La réprobation publique a déjà fait justice de ces actes de destruction, et ceux qui s'en étaient rendus coupables paraissent eux-mêmes regretter leur égarement. Puisque nous voulons la liberté, acceptons-en toutes les conséquences, même lorsqu'elles nous sont préjudiciables.

En résumé, nous nous sommes abstenu de toute manifestation d'opinion personnelle ; seulement, nous applaudissons à l'abolition de la peine de mort en matière politique, parce que les criminels de la veille deviennent les héros du lendemain ; nous applaudissons au choix fait du drapeau tricolore, parce que la couleur rouge rappelle l'idée du sang. Il n'y a pas de victoire entre les citoyens d'une même nation. Alors toute victoire est un deuil. Le drapeau noir est donc le seul drapeau de la guerre civile. Enfin, selon les admirables expressions de M. de Lamartine, le drapeau tricolore a fait le tour du monde et le drapeau rouge n'a fait que le tour du Champ-de-Mars.

Pour conserver notre rôle de narrateur impartial, nous avons dû raconter purement et simplement les faits en les isolant de tout commentaire. L'éloge ou le blâme du moment sont toujours suspects. Le soldat obéissant à sa consigne peut-il bien distinguer l'émeute qu'on condamne de la Révolution qu'on déifie? Tous ceux qui ont soulevé des pavés ont-ils eu la conscience de leur démonstration? Ne faisons pas trop vite des traîtres ou des héros. Mais je m'arrête dans la crainte de remuer des cendres recouvrant un brasier que le temps n'a pu encore éteindre. Toutes ces exagérations se nivelleront plus tard aux yeux de l'histoire.

On remarquera donc, dans ce volume, des récits empruntés aux journaux de toutes les nuances. Avant tout nous avons cherché la variété.

Voilà pourquoi nous avons puisé dans *le Corsaire* et dans *le Charivari* un grand nombre d'anecdotes qui, sans avoir un caractère historique, ne manquent pas cependant d'un certain intérêt, parcequ'elles révèlent l'esprit de la population parisienne.

Dans ce même but, nous avons rapporté les premiers vers qui ont célébré l'ère républicaine. Nous y avons joint *le Déluge*, œuvre prophétique de Béranger; *le Chant du Départ* et *la Marseillaise*, ces deux hymnes de toutes les révolutions ; enfin, les premières chansons qui ont été livrées aux orgues de la rue. Aujourd'hui, le nombre de ces chansons, échappées à la verve patriotique, est vraiment incommensurable, on ne peut le comparer qu'à celui des projets de constitutions qui couvrent tous les murs de la capitale. Quels bienfaits doivent en résulter? Le creuset et la fournaise n'ont pas le secret des objets d'arts que produira le métal en fusion.

Enfin, une conclusion que nous avons, en grande partie, empruntée à la *Revue Internationale*, nous a paru exprimer les sentiments de conciliation qui doivent animer tous les citoyens de la nouvelle République.

Ce peu de mots prouvera au lecteur l'esprit d'impartialité qui nous a guidé dans cette publication. Ce sont des matériaux réunis pour ceux qui auront à écrire plus tard l'histoire de ce grand drame.

Journée du lundi 21 février.

Faits qui précédèrent la Révolution. — Le banquet réformiste. — Manifestation réformiste. — Actes émanés de l'autorité à cette occasion. — Séance de la Chambre des Députés. — Résolution prise par les députés de l'Opposition. — Mise en accusation du ministère.

Rien ne pouvait faire prévoir dans la journée du lundi 21 février 1848 l'issue de la grande révolution que Paris vient d'accomplir. Depuis longtemps, il est vrai, les esprits étaient mécontents, agités, et beaucoup de partisans du système renversé avaient des craintes sérieuses et de sinistres pressentiments. Mais personne, même parmi les représentants de l'opinion républicaine, ne songeait à une révolution aussi prompte, aussi complète. Les faits que nous allons raconter ont eu lieu coup sur coup; toutes les prévisions ont été déçues.

« Tous les gouvernements, en France, se sont perdus par l'*oubli du peuple*. » Ces paroles prophétiques sont de l'homme qui a le plus contribué peut-être au renversement de la royauté, de M. Guizot. Les intérêts populaires, qui eussent dû être sous la sauvegarde paternelle du gouvernement issu des barricades avaient été négligés; et depuis longtemps le peuple faisait entendre de sourdes menaces, présage d'une tempête prochaine. La lutte imprudente, disons plus, maladroite du ministère Guizot et Duchâtel contre l'opposition parlementaire trancha la question avec la rapidité de l'éclair, et amena, non pas une émeute, mais une révolution. On se rappelle qu'il y a quelques années une proposition fut faite à la Chambre des Députés, pour réclamer une réforme électorale. Cette proposition, souvent renouvelée par MM. Duvergier de Hauranne, de Rémusat, etc., et toujours repoussée par le ministère, comptait cependant de nombreux partisans. Bien des esprits sérieux, même parmi les défenseurs de la politique suivie par l'ancien gouvernement, appuyaient la révision proposée de la loi de 1831. L'opinion publique protestait surtout contre l'élection des fonctionnaires civils et militaires qui formaient la majorité de la Chambre des Députés. Cette grave question, on ne peut le nier, a été la principale cause de la révolution de 1848.

Il y a quelques mois, un banquet fut organisé à Paris sous les auspices de députés de l'Opposition. Cette réunion, connue sous le nom de banquet du Château-Rouge, et qui avait pour but de protester contre les tendances du ministère, fut le signal de nombreuses manifestations réformistes. Dans toutes les grandes villes, des banquets eurent lieu; près de soixante furent présidés par des membres de l'Opposition, et les personnes les plus notables de chaque localité s'y rendirent avec empressement. Plusieurs de ces manifestations eurent un grand retentissement, entre autres le banquet de Mâcon, qui eut lieu sous la présidence de M. de Lamartine. Tous les discours prononcés dans ces réunions eurent à-peu-près le même caractère : dans toutes on engageait le gouvernement de juillet à revenir aux principes de 89 et de 1830, on demandait le renversement du ministère, on réclamait avec instances la réforme électorale et l'organisation du travail, on protestait surtout d'une manière énergique contre la corruption, l'une des principales armes du ministère, et qui s'était révélée dans des procès célèbres.

Presque tous les orateurs, il faut le reconnaître, restèrent dans les limites de l'opposition constitutionnelle. Mais, ainsi qu'il arrive toujours dans de pareilles circonstances, les chefs du mouvement dynastique furent débordés, et plusieurs discours se signalèrent par leur violence et par un appel prononcé à l'opinion républicaine. Le peuple, agité par le manque de travail, la disette de l'hiver dernier, le procès Teste, l'affaire Praslin, etc., encourageaient les efforts des ennemis du ministère. Il n'y eut cependant aucun trouble, et les manifestations réformistes continuèrent, malgré les menaces et les diatribes de la presse ministérielle.

C'est au milieu de cette agitation populaire, partagée par une partie de la bourgeoisie chez laquelle la gêne du commerce excitait une certaine irritation, qu'eut lieu, le 27 décembre dernier, l'ouverture des deux Chambres. Le gouvernement craignait quelque manifestation de la part de la garde nationale : tout se passa avec calme ; mais un paragraphe du discours de la Couronne, dans lequel les députés qui avaient assisté aux banquets réformistes étaient traités d'*aveugles* et d'*ennemis*, fut accueilli avec quelques murmures. C'était, pour ainsi dire, une déclaration de guerre, et il était évident que ces paroles hostiles placées dans la bouche du roi exciteraient dans le parlement de violentes tempêtes.

La discussion de l'Adresse fut dans les deux Chambres très-vive et très-animée. Les paragraphes relatifs aux affaires de Suisse et d'Italie donnèrent lieu, à la Chambre des Députés, à des débats passionnés. Le public lisait avec avidité les comptes-rendus des séances, et les nouvelles révolutionnaires de l'étranger ne contribuaient pas peu à augmenter l'effervescence. Le ministère cependant luttait avec une rare énergie, et, confiant dans une majorité imposante, il continuait cette lutte qui devait amener la chute de la dynastie d'Orléans. Enfin arriva la discussion du fameux paragraphe des banquets. Ce n'est pas ici le lieu de raconter ces séances tumultueuses qui rappelaient celles des plus mauvais jours de la Restauration. Qu'il nous suffise de rappeler que la majorité, obéissante aux ordres du ministère, vota les mots *aveugles* et *ennemis*, et voulut flétrir les députés qui avaient assisté aux réunions réformistes.

Un banquet devait avoir lieu dans le XII° arrondissement de Paris, sous la présidence de M. Boissel, député de cet arrondissement. Les membres de l'Opposition déclarèrent qu'ils y assisteraient tous, malgré les menaces du ministère qui invoquait, pour empêcher cette réunion, une loi de 1790. Après plusieurs remises, il fut décidé que le banquet aurait lieu le mardi 22 février, à Chaillot, rue du Chemin de Versailles, dans une propriété particulière. Paris était calme en apparence, mais l'agitation des esprits croissait de jour en jour, et la détermination des députés de l'Opposition était l'aliment de toutes les conversations, dans les salons comme dans les mansardes. Qu'allait faire le gouvernement? se demandait-on partout. S'opposerait-il par la force à la réunion? Présenterait-il une loi pour empêcher les manifestations de ce genre, ou se contenterait-il d'assigner devant les tribunaux les députés de l'Opposition? Ce dernier parti était le plus sage; c'était en effet aux magistrats à décider cette question irritante. Mais il était écrit que le ministère Guizot, suivant les paroles prophétiques de M. Odilon Barrot, serait aussi fatal à Louis-Philippe que l'avait été le prince de

Polignac pour la branche aînée des Bourbons. *Quos vult perdere Jupiter dementat.*

La journée du lundi 21 fut très-calme, malgré les bruits contradictoires qui circulaient à chaque instant et l'inquiétude bien naturelle des esprits. Sur le bruit nullement fondé de la retraite du ministère, il y eut à la Bourse une hausse assez sensible. Le matin, les journaux de l'Opposition avaient publié le manifeste suivant.

MANIFESTATION RÉFORMISTE.

La commission générale chargée d'organiser le banquet du 12e arrondissement croit devoir rappeler que la manifestation fixée à demain mardi a pour objet l'exercice légal et pacifique d'un droit constitutionnel, le droit de réunion politique, sans lequel le gouvernement représentatif ne serait qu'une dérision.

Le ministère ayant déclaré et soutenu à la tribune que la pratique de ce droit était soumise au bon plaisir de la police, les députés de l'opposition, des pairs de France, d'anciens députés, des membres du conseil général, des magistrats, des officiers, sous-officiers et soldats de la garde nationale, des membres du comité central des électeurs de l'opposition, des rédacteurs des journaux de Paris, ont accepté l'invitation qui leur était faite de prendre part à la manifestation, afin de protester, en vertu de la loi, contre une prétention illégale et arbitraire.

Comme il est naturel de prévoir que cette protestation publique peut attirer un concours considérable de citoyens; comme on doit présumer aussi que les gardes nationaux de Paris, fidèles à leur devise de *Liberté, Ordre public,* voudront, en cette circonstance, accomplir ce double devoir, qu'ils voudront défendre la liberté en se joignant à la manifestation, protéger l'ordre et empêcher une collision par leur présence; que dans la prévision d'une réunion nombreuse de gardes nationaux et de citoyens, il nous semble convenable de prendre des dispositions qui éloignent toute cause de trouble et de tumulte;

La commission a pensé que la manifestation devait avoir lieu dans un quartier de la capitale où la largeur des rues et des places permît à la population de s'agglomérer sans qu'il en résultât d'encombrement.

A cet effet, les députés, les pairs de France et les autres personnes invitées au banquet s'assembleront mardi prochain, à onze heures, au lieu ordinaire des réunions de l'opposition parlementaire, place de la Madeleine, 2.

Les souscripteurs du banquet qui font partie de la garde nationale sont priés de se réunir devant l'église de la Madeleine et de former deux haies parallèles entre lesquelles se placeront les invités.

Le cortége aura en tête des officiers supérieurs de la garde nationale qui se présenteront pour se joindre à la manifestation.

Immédiatement après les invités et les convives, se placera un rang d'officiers de la garde nationale.

Derrière ceux-ci, les gardes nationaux formés en colonnes suivant le numéro des légions.

Entre la troisième et la quatrième colonne, les jeunes gens des écoles, sous la conduite de commissaires désignés par eux.

Puis les autres gardes nationaux de Paris et de la banlieue, dans l'ordre désigné plus haut.

Le cortége partira à onze heures et demie, et se dirigera, par la place de la Concorde et les Champs-Élysées, vers le lieu du banquet.

La commission, convaincue que cette manifestation sera d'autant plus efficace qu'elle sera plus calme, d'autant plus imposante qu'elle évitera même tout prétexte de conflit, invite les citoyens à ne pousser aucun cri, à ne porter ni drapeau ni signe extérieur; elle invite les gardes nationaux qui prendront part à la manifestation à se présenter sans armes : il s'agit ici d'une protestation légale et pacifique, qui doit être puissante par le nombre et l'attitude ferme et tranquille des citoyens.

La commission espère que, dans cette occasion, tout homme présent se considérera comme un fonctionnaire chargé de faire respecter l'ordre; elle se confie à la présence des gardes nationaux; elle se confie aux sentiments de la population parisienne, qui veut la paix publique avec la liberté, et qui sait que, pour assurer le maintien de ses droits, elle n'a besoin que d'une démonstration paisible, comme il convient à une nation intelligente, éclairée, qui a la conscience de l'autorité irrésistible de sa force morale et qui est assurée de faire prévaloir ses vœux légitimes par l'expression légale et calme de son opinion.

De son côté, le gouvernement prenait toutes les mesures nécessaires pour tâcher de rétablir l'ordre, si on essayait de le troubler. Les troupes de la garnison étaient consignées, et celles des villes voisines de la capitale avaient reçu l'ordre de se tenir prêtes à marcher à la première réquisition. Dans la soirée de lundi, les proclamations suivantes furent affichées sur les murs de Paris :

PRÉFECTURE DE POLICE.

Proclamation aux Habitants de Paris.

Habitants de Paris,

Une inquiétude qui nuit au travail et aux affaires règne depuis quelque jours dans les esprits. Elle provient des manifestations qui se préparent. Le Gouvernement, déterminé par des motifs d'ordre public qui ne sont que trop justifiés, et usant d'un droit que les lois lui donnent et qui a été constamment exercé sans contestation, a interdit le Banquet du 12e Arrondissement. Néanmoins, comme il a déclaré, devant la Chambre des Députés, que cette question était de nature à recevoir une solution judiciaire, au lieu de s'opposer par la force à la réunion projetée, il a pris la résolution de laisser constater la contravention, en permettant l'entrée des convives dans la salle du Banquet, espérant que ces convives auraient la sagesse de se retirer à la première sommation, afin de ne pas convertir une simple contravention en un acte de rébellion. C'était le seul moyen de faire juger la question devant l'autorité suprême de la Cour de Cassation.

Le Gouvernement persiste dans cette détermination ; mais le manifeste publié ce matin par les journaux de l'opposition annonce un autre but, d'autres intentions; il élève un gouvernement à côté du véritable gouvernement du pays, de celui qui est institué par la Charte, et qui s'appuie sur la majorité des Chambres ; il appelle une manifestation publique, dangereuse pour le repos de la Cité ; il convoque, en violation de la loi de

1831, les gardes nationaux qu'il dispose à l'avance en haie régulière, par numéro de légion, les officiers en tête. Ici aucun doute n'est possible, de bonne foi ; les lois les plus claires, les mieux établies sont violées. Le Gouvernement saura les faire respecter ; elles sont le fondement et la garantie de l'ordre public.

J'invite tous les bons citoyens à se conformer à ces lois, à ne se joindre à aucun rassemblement, de crainte de donner lieu à des troubles regrettables... Je fais appel à leur patriotisme et à leur raison, au nom de nos institutions, du repos public et des intérêts les plus chers de la Cité.

Paris, le 21 Février 1848.

Le Pair de France, Préfet de Police,
G. DELESSERT.

Paris, 24 février 1848.

Arrêté.

Vu la déclaration qui nous a été faite, relativement à un banquet qui doit avoir lieu le mardi 22 février courant, à midi, dans un local situé rue du Chemin de Versailles, à Chaillot ;

Vu également : 1° l'art. 3, n° 3, du titre XI de la loi des 16-24 août 1790, ainsi conçu :

« Les objets de police confiés à la vigilance et à l'autorité des
« corps municipaux sont... 3° le maintien du bon ordre dans
« les endroits où il se fait de grands rassemblements d'hom-
« mes, etc. »

2° L'art. 46 du titre Ier de la loi du 22 juillet 1791, ainsi conçu :

« Le corps municipal pourra, sous le nom et l'intitulé de dé-
« libérations, et sauf la réformation, s'il y a lieu, par l'admi-
« nistration du département, faire des arrêtés sur les objets qui
« suivent : 1° lorsqu'il s'agira d'ordonner les précautions lo-
« cales sur les objets confiés à sa vigilance et à son autorité par
« les art. 3 et 4 du titre XI de la loi des 16-24 août 1790. »

3° L'art. 1er de l'arrêté du gouvernement, du 12 messidor an VIII (1er juillet 1800), portant que :

« Le préfet de police prendra les mesures propres à prévenir
« ou dissiper les attroupements..... les réunions tumultueuses
« ou menaçant la tranquillité publique. »

4° L'arrêté du gouvernement du 3 brumaire an IX (25 octobre 1800);

5° L'ordonnance de police du 30 novembre 1830;

6° L'ordonnance de police du 31 mai 1831, qui soumet les bals, banquets, et généralement toutes les réunions auxquelles on est admis, soit à prix d'argent, soit par souscription, ou par tout autre mode leur donnant un caractère public, à l'obtention d'une autorisation préalable du préfet de police;

Et 7° l'article 471, n° 15, du Code pénal;

Considérant que, d'après la notoriété publique, un grand nombre de personnes doivent prendre part au banquet susrelaté, pour lequel des commissaires ont été nommés et des souscriptions publiques provoquées par la voie de la presse;

Considérant que, dans les circonstances présentes, les rassemblement, réunion et banquet projetés sont de nature à compromettre le bon ordre et la tranquillité publique,

Avons arrêté et arrêtons ce qui suit:

Art. 1er. La réunion et le banquet précités sont interdits.

Art. 2. Le présent arrêté sera notifié à qui de droit.

Art. 3. Toutes mesures seront prises pour assurer l'exécution du présent arrêté.

Fait à Paris, le 20 février 1848.

Le pair de France, préfet de police,

G. DELESSERT.

PRÉFECTURE DE POLICE

Ordonnance concernant les Attroupements.

Paris, le 21 février 1848.

Nous, Pair de France, Préfet de Police,

Considérant que, dans les circonstances actuelles, et en présence de l'agitation que l'on cherche à répandre parmi les citoyens, il y a opportunité à donner une nouvelle publicité à l'ordonnance de police du 13 juillet 1831, concernant les attroupements

En vertu de la loi des 16-24 août 1790, de l'art. 2 de l'arrêté du Gouvernement du 12 messidor an VIII, et de l'arrêté du 3 brumaire an IX;

Ordonnons ce qui suit:

Art. Ier. L'ordonnance de police du 13 juillet 1831, concernant les attroupements, sera de nouveau imprimée et affichée dans Paris et dans les communes du ressort de la préfecture de police.

Art. II. Les sous-préfets des arrondissements de Sceaux et de Saint-Denis, le chef de la police municipale, les commissaires de police à Paris et dans la banlieue, les maires des communes rurales, les officiers de paix et les préposés de la préfecture de police, à Paris, sont chargés, chacun en ce qui le concerne, de tenir la main à son exécution.

Les commandants de la force publique sont requis de leur prêter main-forte.

Le Pair de France, Préfet de Police,

G. DELESSERT.

Dispositions de l'Ordonnance de Police du 13 juillet 1831, concernant les Attroupements.

Vu les art. 3, titre XI de la loi des 16-24 août 1790; 46, titre Ier de la loi des 19-22 juillet 1791, 10 et 22 de l'arrêté du 12 messidor an VIII (1er juillet 1800), qui imposent au préfet de police, à Paris, l'obligation de prendre les mesures propres à prévenir ou dissiper les attroupements, les réunions tumultueuses ou menaçant la tranquillité publique, à maintenir la liberté et la sûreté du passage dans les rues, quais, places et voies publiques, qui l'autorisent à publier de nouveau les lois et règlements de police, et à rappeler les citoyens à leur observation.

Avons ordonné et ordonnons ce qui suit :

Art. Ier. Il est défendu de former des attroupements sur les places ou sur la voie publique.

II. Toutes personnes qui formeront des attroupements seront tenues de se disperser à la première sommation des magistrats et officiers civils chargés de la police judiciaire.

Si l'attroupement ne se disperse pas, les sommations seront renouvelées trois fois. Chacune d'elles sera précédée d'un roulement de tambour ou d'un son de trompe. Si les trois sommations sont demeurées inutiles, il pourra être fait emploi de la force, conformément à la loi du 3 août 1791.

Les magistrats chargés de faire lesdites sommations seront

décorés d'une écharpe tricolore. (*Art. 1er de la Loi du 10 avril 1831.*)

III. Les personnes qui, après la première des sommations prescrites par le second paragraphe de l'article précédent, continueront à faire partie d'un attroupement, pourront être arrêtées, et seront traduites, sans délai, devant les tribunaux de simple police pour y être punies des peines portées au chap. Ier du liv. IV du Code pénal. (*Art. 2 de la même Loi.*)

IV. Après la seconde sommation, la peine sera de trois mois d'emprisonnement au plus; et, après la troisième, si le rassemblement ne s'est pas dissipé, la peine pourra être élevée jusqu'à un an de prison. (*Art. 3 de la même Loi.*)

V. La peine sera celle d'un emprisonnement de trois mois à deux ans: 1° contre les chefs et les provocateurs de l'attroupement, s'il ne s'est point entièrement dispersé après la troisième sommation; 2° contre tous individus porteurs d'armes apparentes ou cachées, s'ils ont continué à faire partie de l'attroupement après la première sommation. (*Art. 4 de la même Loi.*)

VI. Si les individus condamnés en vertu des deux articles précédents n'ont pas leur domicile dans le lieu où l'attroupement a été formé, le jugement ou l'arrêt qui les condamne pourra les obliger, à l'expiration de leur peine, à s'éloigner de ce lieu à un rayon de dix myriamètres, pendant un temps qui n'excédera pas une année, si mieux ils n'aiment retourner à leur domicile. (*Art. 5 de la même Loi.*)

VII. Tout individu qui, au mépris de l'obligation à lui imposée par le précédent article, serait retrouvé dans les lieux à lui interdits, sera arrêté, traduit devant le tribunal de police correctionnelle, et condamné à un emprisonnement qui ne pourra excéder le temps restant à courir pour son éloignement du lieu où aura été commis le délit ordinaire. (*Art. 6 de la même Loi.*)

VIII. Toute arme saisie sur une personne faisant partie d'un attroupement sera, en cas de condamnation, déclarée définitivement acquise à l'Etat. (*Art. 7 de la même Loi.*)

IX. Si l'attroupement a un caractère politique, les coupables des délits prévus par les art. 3 et 4 de la présente loi pourront être interdits pendant trois ans au plus, en tout ou en partie, de l'exercice des droits mentionnés dans les quatre premiers paragraphes de l'art. 42 du Code pénal. (*Art. 8 de la même Loi.*)

X. Toutes personnes qui auraient continué à faire partie d'un attroupement après les trois sommations, pourront, pour ce seul fait, être déclarées civilement et solidairement responsables des condamnations pécuniaires qui seront prononcées pour réparation des dommages causés par l'attroupement. (*Art.* 9 *de la même Loi.*)

XI. Les peines portées par les dispositions ci-dessus seront prononcées sans préjudice de celles qu'auraient encourues, aux termes du Code pénal, les auteurs et les complices des crimes ou délits commis par l'attroupement. Dans le cas du concours de deux peines, la plus grave sera seule appliquée. (*Art.* 11 *de la même Loi.*)

XII. Conformément à l'art. 471 du Code pénal, il est défendu *d'embarrasser la voie publique en y laissant ou déposant sans nécessité des matériaux ou des choses quelconques qui empêchent ou diminuent la liberté ou la sûreté du passage.*

GARDES NATIONAUX

DU DÉPARTEMENT DE LA SEINE!

Tant que la manifestation qui se prépare n'a pas fait un appel direct à votre concours et à votre appui, je me suis abstenu de vous rappeler dans quelles limites la loi a renfermé vos droits et vos devoirs, parce que vous n'avez cessé, depuis dix-sept ans, de prouver que vous la connaissiez bien les uns et les autres, et que vous n'y avez jamais manqué.

Aujourd'hui que l'on cherche à vous égarer au nom même de la légalité dont le maintien est confié à votre dévouement et à votre patriotisme, que les hommes qui vous sont étrangers vous convoquent, vous appellent et usurpent les droits de vos chefs, je dois protester hautement contre cette injure, et c'est au nom de la loi elle-même, que je m'adresse à vous.

Les articles 1, 7 et 93 de la loi du 23 mars 1831 sont ainsi conçus :

ART. 1er. « La Garde Nationale est instituée pour défendre
« la Royauté constitutionnelle, la Charte et les Droits qu'elle a
« consacrés; pour maintenir l'obéissance aux lois, conserver ou
« rétablir l'ordre et la paix publique, seconder l'armée de ligne
« dans la défense des frontières, assurer l'indépendance de la
« France et l'intégrité de son territoire.

« Toute délibération prise par la Garde Nationale sur les af-

« faires de l'État, du Département et de la Commune, est une
« atteinte à la liberté publique, et un délit contre la chose pu-
« blique de la Constitution.

Art. 7. « Les citoyens ne pourront ni prendre les armes, ni
« se rassembler en état de Gardes Nationales, sans l'ordre des
« chefs immédiats, ni ceux-ci donner cet ordre sans une réqui-
« sition de l'autorité civile, dont il sera donné communication
« à la tête de la troupe.

Art. 93. « Tout chef de corps, poste ou détachement de la
« Garde Nationale qui refusera d'obtempérer à une réquisition
« de magistrats ou fonctionnaires investis du droit de requérir
« la force publique, ou qui aura agi sans réquisition et hors
« des cas prévus par la loi, sera poursuivi devant les tribunaux,
« et puni conformément aux articles 234 et 258 du Code pé-
« nal.

« La poursuite entraînera la suspension, et, s'il y a condam-
« nation, la perte du grade. »

Vous le voyez, Gardes Nationaux du département de la Seine, la Loi parle en termes trop clairs et trop précis pour qu'il soit possible de vous abuser par une interprétation dont votre sagesse fera justice. Peu d'entre vous, sans doute, sont disposés à se laisser entraîner à une démarche coupable; mais je voudrais leur épargner et la faute et le regret de compter leur petit nombre au milieu des 85,000 Gardes Nationaux dont nos légions se composent.

C'est donc au nom de la loi que je vous adjure de ne pas tromper la confiance du pays, qui a remis à votre garde la défense de la Royauté constitutionnelle et de l'Ordre légal. Vous ne voudrez pas non plus méconnaître la voix de votre Commandant supérieur, parce qu'il ne vous a jamais abusés. Je compte sur votre sagesse et votre patriotisme, comme vous pouvez compter toujours sur ma loyauté et mon dévouement.

Le Lieutenant-Général, Commandant supérieur des Gardes Nationales du département de la Seine,

JACQUEMINOT.

Pour copie conforme :

Le Général, Chef d'état-major-général,

CARBONEL.

Une foule immense se pressait autour de ces proclamations, qu'on lisait aux lumières et qui étaient l'objet de commentaires plus ou moins violents. On s'arrachait en même temps les journaux du soir ; on les payait jusqu'à un franc l'exemplaire. Voici, d'après le *Moniteur*, le compte rendu de la séance de la chambre des députés du lundi 21 :

Extrait du MONITEUR du 21 février.

Trois heures du soir.

M. ODILON BARROT. — Je demande la parole.

M. LE PRÉSIDENT. — Je donne la parole à M. Odilon Barrot sur l'ordre du jour. (Mouvement d'attention.)

M. ODILON BARROT. — (Profond silence.) La chambre se souvient d'un débat incident qui s'est élevé, à l'occasion de la discussion de l'adresse, sur le droit prétendu par nous, dénié par le ministère, de se réunir, à la condition de prévenir préalablement l'autorité et d'assister à cette réunion sans tumulte et sans armes.

Ce débat n'a pas été vidé. Mon opinion à moi est qu'il devait l'être au sein du parlement; est que, lorsqu'une question constitutionnelle d'une si haute gravité est posée, c'est le droit et le devoir du parlement de ne pas la laisser incertaine. C'est à lui qu'il appartient surtout de régler la portée et l'étendue des droits politiques du pays. Elle ne le fut pas. Cependant il y avait un devoir impérieux pour ceux qui, de tout temps, ont professé et pratiqué cette opinion que toute liberté politique est impossible, si elle n'est pas accompagnée de la reconnaissance de la liberté du droit de réunion.

Leur devoir était, en face de la dénégation du gouvernement, de placer une protestation, de pratiquer ce droit de manière à ce que, de leur part au moins, il n'y eût aucune concession qu'on pût leur imputer, de manière à ce qu'ils ne s'arrêtassent que devant une résistance qu'ils ne pouvaient pas surmonter.

Cela avait été à-peu-près accepté par le gouvernement lui-même. Ne laissant pas vider la question dans le sein du parlement, se croyant armé de lois suffisantes, il pouvait invoquer, il se proposait probablement d'invoquer ces lois, de traduire devant les tribunaux les personnes qui, malgré l'interdiction de l'autorité, auraient passé outre, et de faire ainsi juger par les tribunaux la question de légalité.

Et, en effet, les choses se seraient passées ainsi.

La question avait vivement préoccupé le public ; le public ne pouvait point être indifférent à la discussion et à la solution de cette question, car, après tout, il s'agissait de ses droits ; il s'agit d'un droit même qui est d'autant plus important, que l'on pourrait être privé des autres. Le droit de se réunir pour avertir le pouvoir, pour signer des pétitions, pour contrôler les pouvoirs officiels, est peut-être plus précieux pour ceux qui ne sont point investis de droits électoraux ou d'éligibilité, qu'il ne l'est même pour ceux qui ont le droit électoral en leur possession. Le public ne pouvait rester indifférent à de pareils débats.

Cependant, et malgré la juste et légitime émotion de l'opinion publique, grâce au progrès de nos mœurs politiques, je ne crains pas, sur l'honneur, d'affirmer devant mon pays que cette manifestation, que cette lutte légale de principes aurait eu lieu sans aucun désordre et sans aucun trouble. (Mouvements divers. — Écoutez ! écoutez !)

Je suis parfaitement assuré que si la politique du cabinet eût pu en recevoir quelque atteinte, l'ordre public était parfaitement sauf et intact. (Écoutez ! écoutez !)

Je suis, quant à moi, convaincu que si la question eût été posée, les tribunaux auraient prononcé, qu'ils auraient déterminé le sens des lois existantes, fait cesser un doute grave, et qu'en même temps les amis sérieux de la liberté dans ce pays auraient eu à constater un immense progrès dans nos mœurs politiques.

Il paraît, je n'ai pas vu les actes de l'autorité (écoutez !), il paraît qu'à des conseils de sagesse et de prudence, ont succédé d'autres inspirations ; que des actes de l'autorité s'interposent, sous prétexte d'un trouble qu'ils veulent apaiser et qu'ils s'exposent à faire naître... (Rumeurs au centre.) Que des actes de l'autorité s'interposent ; et je ne crains pas de dire qu'à la place de cette manifestation libre, ils tendent à établir des compressions d'autorité.

Il ne m'appartient pas, quant à moi, d'examiner la portée et l'opportunité de cette mesure ; je crains, je le répète, et je suis parfaitement sincère, je crains que ce que l'autorité fait en ce moment, dans un intérêt d'ordre, ne soit au contraire qu'une cause de trouble profond dans la société. Je crains que ce qui, au lendemain du jour de cette manifestation eût, au contraire, rassuré les esprits par la constatation de la puissance de nos mœurs et de la solidité de l'ordre public dans notre société, laisse, au contraire, au fond de la société un germe indéfini de désordre et de perturbation. C'est là une crainte, elle est sincère, elle est profonde, et tout en l'exprimant, si ma parole pouvait avoir quelque autorité pour mon pays, je dirais que, même dans la situation qu'on nous fait, le premier besoin, le premier devoir de tout homme, à quelque opinion qu'il appartienne, c'est d'employer tout ce qu'il peut avoir d'influence, d'autorité pour prévenir les malheurs que je prévois. (Très-bien ! très-bien !)

Il n'y a pas de ministère, il n'y a pas de système administratif qui vaille une goutte de sang versé (Nouvelle approbation.)

C'est cette pensée que j'avais besoin d'exprimer dans cette enceinte en face des graves éventualités que je prévois.

Je déclare que s'il peut dépendre de moi de les éloigner de mon pays, je déclare que s'il peut dépendre de moi d'apaiser cette émotion que vos mesures inopportunes vont accroître, je le ferai de toute la puissance de mes convictions.

Messieurs, mes droits s'arrêtent là ; je ne puis aller au-delà. C'est le gouvernement qui est chargé du maintien de l'ordre et de la tranquillité dans le pays ; c'est à lui à peser la gravité des circonstances, et surtout c'est sur lui que porte la responsabilité. (Mouvement prolongé.)

M. DUCHATEL, ministre de l'intérieur. — La responsabilité ne pèse pas seulement sur le gouvernement, elle pèse sur tout le monde. (Très-bien ! très-bien !) Nous en avons eu la preuve dans le soin très-honorable qu'a pris l'honorable M. Odilon Barrot d'exprimer tout-à-l'heure ses sentiments devant la chambre. Je dirai très-nettement, très-franchement à la chambre quelle est l'attitude du gouvernement, quel est le terrain sur lequel il se place.

L'honorable M. Odilon Barrot nous a dit que la question du droit illimité de réunion avait été traitée dans cette chambre, mais qu'elle n'avait pas été résolue, qu'il avait désiré une solution et que c'est pour obtenir cette solution que le projet d'un banquet a été annoncé et préparé. Il a ajouté que le gouvernement lui-même avait paru disposé, autant qu'il dépendait de lui, dans la limite de son opinion, qui est contraire à celle de l'honorable M. Odilon Barrot, à amener la solution judiciaire qui pouvait terminer le débat.

Cela est vrai. Nous aurions pu, comptant sur le droit que nous regardons comme incontestable, sur la pratique qui n'a été jamais contestée; nous aurions pu nous opposer par l'emploi de la force au projet de banquet annoncé depuis plusieurs jours, et qui a préoccupé et inquiété la capitale.

Nous étions frappés, comme l'honorable membre, de l'avantage pour tout le monde d'obtenir une solution judiciaire, et tout en maintenant les principes exprimés et professés à cette tribune par le gouvernement, nous étions prêts et nous sommes prêts encore à laisser arriver les choses au point où, une contravention pouvant être constatée, un débat judiciaire puisse s'engager. (C'est cela! c'est cela!)

Mais, Messieurs, il est survenu autre chose : je crois qu'il n'y a personne dans cette chambre qui n'ait lu, ce matin, un manifeste publié par un comité dont on ne désigne pas les membres, et inséré dans tous les journaux de l'opposition. Que fait ce manifeste? il ne se borne pas à provoquer un banquet et à préparer la solution judiciaire de la question ; non : il fait un appel à tous ceux qui partagent les principes de l'opposition, il les invite à une manifestation qui, je n'hésite pas à le dire, compromettrait la tranquillité de la cité. Ce n'est pas tout : le manifeste provoque, au mépris de toutes les lois, au mépris de la loi de 1831, les gardes nationaux à se rassembler en état de gardes nationales, et non-seulement il provoque les gardes nationaux, mais il invite les jeunes gens des écoles, des mineurs, qui ont à s'occuper de leur instruction, à s'associer au cortége, qui sera entouré d'une haie de gardes nationaux de la 12ᵉ légion. Il annonce que les gardes nationales seront placées dans l'ordre de leurs légions et sous la conduite de leurs officiers supérieurs. Ce manifeste viole toutes les lois du pays, sur lesquelles repose la tranquillité et l'ordre public... (Très-bien! très-bien!)

La loi sur les attroupements est violée, la loi sur les gardes nationales est violée.

J'en appelle au sentiment impartial de la chambre, qu'est-ce que ce manifeste, si ce n'est la proclamation d'un gouvernement voulant se placer à côté du gouvernement régulier (Très-bien! très-bien!), d'un gouvernement né d'un comité que je ne connais pas, que je ne qualifie pas, prenant la place du Gouvernement constitutionnel, fondé sur la charte et appuyé sur la majorité des deux chambres ? Le gouvernement de ce comité parle aux citoyens, convoque en son propre nom les gardes nationaux, provoque des attroupements au mépris des lois. Cela ne pouvait pas être supporté, nous ne devions pas le supporter. Nous avons sous notre responsabilité le maintien de l'ordre public. J'espère, comme M. Odilon Barrot, qu'il ne sera pas troublé ; je ne répondrais pas qu'il ne fût pas troublé, si le gouvernement ne prenait pas toutes les mesures et toutes les précautions nécessaires. Je n'ai pas la même foi que l'honorable orateur dans tous ceux qui peuvent prendre part à ces manifestations.

Maintenant, en quoi les mesures du Gouvernement peuvent-elles empêcher la solution judiciaire dont parlait tout à l'heure l'honorable M. Odilon Barrot ? Nous avons fait, dans cette circonstance, la juste part de toutes choses ; nous avons maintenu, après le manifeste de ce matin, comme auparavant, la situation que le Gouvernement avait prise, et en même temps nous n'avons pas voulu qu'à l'occasion d'un banquet on tolérât dans la ville de Paris une manifestation contraire à toutes les lois, et la proclamation d'un gouvernement improvisé à côté du Gouvernement légal et constitutionnel. (Très bien ! très-bien ! — Vive approbation.)

M. ODILON BARROT. Je crains que M. le ministre de l'intérieur ne grandisse à dessein.... (Vives réclamations au centre.)

(M. Roger (du Nord) prononce quelques paroles au milieu du bruit.)

M. LE PRÉSIDENT. Point d'interpellations particulières.

La parole est à M. Odilon Barrot.

M. ODILON BARROT. Si M. le ministre de l'intérieur s'était borné à nous dire qu'une manifestation solennelle, à laquelle aurait pris part un grand concours de population, que cette manifestation pouvait inquiéter le Gouvernement, l'inquiéter d'autant plus, qu'elle serait plus régulière et plus pacifique.... (Dénégations au centre. — Assentiment à gauche.) je crois que nous aurions été, les uns et les autres, très-près de la vérité. Mais je demanderai, en laissant de côté quelques expressions plus ou moins convenables d'un acte que je n'avoue ni ne désavoue, quoiqu'il me soit étranger....,(Rumeurs prolongées.)

Au centre. Il faut l'avouer ou le désavouer.

A gauche. Laissez parler, vous répondrez.

M. ODILON BARROT. Je mettrai tout le monde parfaitement à

l'aise J'avoue très-hautement l'intention de cet acte, j'en désavoue les expressions. (Très-bien!)

L'intention a été celle-ci : il est certain que les hommes qui, par un acte qui leur est personnel, provoquent une grande émotion dans la société, le voulant ou ne le voulant pas, amènent sur la place publique un grand concours de peuple, ces hommes manqueraient à tous leurs devoirs, ils engageraient gravement leur responsabilité, s'ils ne prenaient pas les moyens, officieux, sans doute, puisqu'ils ne sont pas le pouvoir, d'établir quelque ordre au milieu d'un tel concours. (Interruption et murmures au centre.)

M. LE PRÉSIDENT. J'invite la chambre au silence.

M. ODILON BARROT. Si, dans notre pays, il ne peut y avoir de grandes réunions et de grandes manifestations que celles qui auront été préalablement réglées, organisées, réglementées par les autorités officielles, à la bonne heure; mais dans un pays libre, il faut bien s'accoutumer à ce que de pareilles manifestations se règlent elles-mêmes; que l'ordre s'y maintienne par les bonnes habitudes, par une sorte de discipline libre, officieuse, qui s'établit : ce sont là les mœurs de la liberté.

Eh bien! dans la pratique de ce devoir, les hommes qui avaient pris la responsabilité de cet acte qui causait dans la population une émotion qui lui donnait le désir de s'associer même de loin, même indirectement, à cette protestation en faveur du droit; que ces hommes aient désiré sans doute que le plus grand nombre de citoyens vêtus d'uniformes de la garde nationale, sans armes, fussent présents pour imposer à tous ceux qui pourraient avoir quelque pensée de trouble et de désordre..... Ils ont obéi à une pensée d'ordre et de sécurité..... (Approbation à gauche. — Dénégation au centre.)

Vous nous parlez d'usurpation des droits de l'autorité; vous nous dites que la garde nationale a été convoquée, qu'elle se trouvera en armes.....

Au centre. Non! on n'a pas dit cela!

M. ODILON BARROT..... Qu'elle se trouvera en état de garde nationale; il n'en est rien. Vous avez poursuivi une chimère... (Interruption et murmures au centre.) Vous avez poursuivi une chimère. Le fait est que, le débat une fois engagé, nous avons été soutenus par les sympathies toutes naturelles qui rattachent à nos débats une grande partie de la population de notre pays, le débat sur le droit de réunion, droit que vous avez professé et pratiqué vous-mêmes. Ce débat ne pouvait laisser indifférente cette partie de la population, la garde nationale elle-même à qui le dépôt de toutes nos libertés a été confié. Tout ce qu'on pouvait demander, c'est qu'il n'y eût rien d'officiel, c'est qu'elle se réunît officieusement, individuellement, sans armes, paisiblement, comme garantie de tranquillité, et non comme moyen de force publique. Voilà ce qui se passait, voilà ce qu'il y avait au fond de la situation.

Eh bien! je vous le répète, grâce aux progrès de nos mœurs politiques, grâce à l'intelligence de notre pays, grâce à cet accord universel, grâce à cette conscience instinctive de ce peuple, le plus intelligent du monde, que ce serait même contrarier la lutte légale que nous soutenons si on y mêlait le moindre désordre et le moindre trouble..... je vous aurais donné l'assurance et je vous aurais garanti sur l'honneur qu'il n'y aurait eu aucun trouble... (Réclamations au centre. — Approbation à gauche)..... qu'il n'y aurait eu aucun trouble, aucune perturbation. Mais la compression que vous établissez, ne vous le dissimulez pas, et je le dis avec douleur, tend une position déjà trop tendue, ajoute à des sentiments exaspérés un nouveau degré d'exaspération. Maintenant, messieurs, c'est à vous, c'est à vous qu'est la responsabilité de cette situation... (Bruyante interruption au centre. — Allons donc!)

..... Vous n'avez pas voulu de l'ordre avec et par la liberté; subissez donc les conséquences de la situation que vous avez faite. (Approbation à gauche. — Agitation.)

M. LE MINISTRE DE L'INTÉRIEUR. S'il me fallait des preuves pour justifier la détermination prise par le Gouvernement, je les trouverais dans les paroles mêmes de l'honorable M. Odilon Barrot.

Ce manifeste, qu'il nous accuse d'avoir grossi à plaisir, et qui a été ce matin imprimé, comme vous l'avez vu, avec les formes qui lui ont été données, le concert que tout le monde a remarqué, dans tous les journaux de l'opposition; ce manifeste, l'honorable M. Odilon Barrot ne l'avoue ni ne le désavoue. (Mouvement.)

Le manifeste n'étant ni avoué ni désavoué, est-ce un sujet de sécurité pour nous, qui sommes chargés de maintenir l'ordre public? Est-ce un sujet de sécurité qu'on publie ouvertement, un manifeste provoquant à la violation des lois, un manifeste dont l'honorable M. Barrot n'ose pas dire qu'il l'avoue? (Mouvement en sens divers. — Approbation.)

Quelle raison donne-t-on pour justifier, sinon les formes, qui cependant sont quelque chose en pareille matière, au moins le fond de ce qui a été fait? On nous dit d'abord que ce sont des mesures de simple police prises spontanément pour empêcher les troubles qui auraient pu survenir. Il y avait donc des éléments de troubles. (Dénégations à gauche.) Le désordre était donc plus prochain qu'on ne nous le disait tout à l'heure? (Très-bien! très-bien!) Je demande depuis quand l'on admet que des comités qui s'instituent eux-mêmes ont la mission de convoquer les gardes nationaux au mépris des lois, pour rétablir ou maintenir l'ordre. (Réclamations à gauche.)

M. DE COURTAIS. Osez donc la convoquer, la garde nationale! (Murmures au centre.)

M. LE MINISTRE. J'ai écouté l'honorable M. Barrot avec calme; je prends très-au sérieux la responsabilité qui pèse sur nous. La chambre me rendra cette justice, que je n'ai fait entendre dans ce débat aucune parole irritante.

Au centre. Oui! oui!

M. LE MINISTRE. J'aurais pu me croire autorisé à user de récriminations, car on a semblé indiquer que nous voulions cacher derrière ma question d'ordre public une question d'existence ministérielle, et grossir un incident très-grave pour déplacer la question dans un misérable intérêt. Je n'ai pas voulu user de récriminations. Avant tout, gardien de l'ordre et des lois, je me borne à dire que nous ne pouvons pas admettre le système qui vient d'être soutenu à cette tribune. Nous ne pouvons pas admettre davantage qu'on puisse se plaindre de cette prétendue compression qui n'est destinée qu'à empêcher des actes évidemment contraires à la loi.

Je maintiens ce que j'ai dit tout à l'heure. Nous avons résolu de laisser les choses arriver au point où la question judiciaire peut s'engager. Cette situation, nous l'avons prise, nous la maintenons encore.

On appelle cela de la compression; ce n'est pas de la compression, messieurs, c'est la seule chose qui puisse être raisonnablement demandée par tout le monde. La compression dont on parle est tout simplement l'accomplissement des devoirs du Gouvernement, le maintien de l'ordre et le respect des lois sur lesquelles reposent la tranquillité du pays et le salut de nos institutions. (Bien! très-bien! — Vive approbation.)

M. LE PRÉSIDENT. Personne ne demandant plus la parole, l'incident est terminé. (Sensation.)

La chambre croit-elle pouvoir continuer aujourd'hui la discussion sur la banque de Bordeaux, ou bien veut-elle la remettre à demain?

De toutes parts. A demain! à demain!

M. LE PRÉSIDENT. La discussion est continuée à demain.

La séance publique s'ouvrira à une heure précise.

Plusieurs voix. Non, non! A midi! à midi!

M. LE PRÉSIDENT. J'ai proposé à la chambre de se réunir à une heure précise; on a proposé midi. (Oui! oui! — Non! non!) Insiste-t-on? (Non! non! — Oui! oui!) Il y a opposition, je mets aux voix.

Voix diverses à gauche. Ce n'est pas loyal! Vous savez bien que nous n'y serons pas! C'est ridicule!

M. BERGER. A huit heures du matin, ce sera beaucoup mieux. En permanence!

M. LE PRÉSIDENT, (après avoir consulté la chambre). La séance aura lieu à une heure.

La séance est levée à cinq heures.

A l'issue de la séance, les principaux députés de l'Opposition prirent la délibération suivante :

A TOUS LES CITOYENS.

Une grande et solennelle manifestation devait avoir lieu aujourd'hui en faveur du droit de réunion contesté par le gouvernement. Toutes les mesures avaient été prises pour assurer l'ordre et prévenir toute espèce de trouble. Le gouvernement était instruit depuis plusieurs jours de ces mesures, et savait quelle serait la forme de cette protestation. Il n'ignorait pas que les députés se rendraient en corps au lieu du banquet accompagnés d'un grand nombre de citoyens et de gardes nationaux sans armes. Il avait annoncé l'intention de n'apporter aucun obstacle à cette démonstration tant que l'ordre ne serait pas troublé, et de se borner à constater par un procès-verbal ce qu'il regarde comme une contravention et ce que l'opposition regarde comme l'exercice d'un droit. Tout-à-coup, en prenant pour prétexte une publication dont le seul but était de prévenir les désordres qui auraient pu naître d'une grande affluence de citoyens, le gouvernement a fait connaître sa résolution d'empêcher par la force tout rassemblement sur la voie publique, et d'interdire soit à la population, soit aux gardes nationaux, toute participation à la manifestation projetée. Cette tardive résolution du gouvernement ne permettait plus à l'opposition de changer le caractère de la démonstration. Elle se trouvait donc placée dans l'alternative ou de provoquer une collision entre les citoyens et la force publique, ou de renoncer à la protestation légale et pacifique qu'elle avait résolue.

Dans cette situation, les membres de l'Opposition, personnellement protégés par leur qualité de députés, ne pouvaient pas exposer volontairement les citoyens aux conséquences d'une lutte aussi funeste à l'ordre qu'à la liberté. L'Opposition a donc pensé qu'elle devait s'abstenir et laisser au gouvernement toute la responsabilité de ses mesures. Elle engage tous les bons citoyens à suivre son exemple.

En ajournant ainsi l'exercice d'un droit, l'Opposition prend envers le pays l'engagement de faire prévaloir ce droit par toutes les voies constitutionnelles. Elle ne manquera pas à ce devoir; elle poursuivra avec persévérance et avec plus d'énergie que jamais la lutte qu'elle a entreprise contre une politique corruptrice, violente et anti-nationale.

En ne se rendant pas au banquet, l'Opposition accomplit un grand acte de modération et d'humanité. Elle sait qu'il lui reste à accomplir un grand acte de fermeté et de justice.

En conséquence de la résolution prise par l'opposition, un acte d'accusation contre le ministère sera immédiatement proposé par un grand nombre de députés parmi lesquels MM. Odilon Barrot, Duvergier de Hauranne, de Maleville, d'Aragon, Abatucci, Beaumont (Somme), Georges de Lafayette, Boissel, Garnier-Pagès, Carnot, Chambolle, Drouyn de l'Huys, Ferdinand de Lasteyrie, Havin, de Courtais, Vavin, Garnon, Marquis, Jouvencel, Taillandier, Bureaux de Puzy, Luneau, Saint-Albin, Cambacérès, Moreau (Seine), Berger, Marie, Bethmont, de Thiars, Dupont (de l'Eure), etc.

Cette pièce était suivie dans les journaux d'une note de la commission du banquet, ainsi conçue :

La commission générale chargée d'organiser le banquet du 12e arrondissement,

Après avoir pris connaissance des délibérations des députés de l'opposition :

Considérant que le ministre de l'intérieur a déclaré à la tribune qu'il tolérerait le banquet, pourvu qu'on s'y rendît individuellement ;

Qu'on donnerait ainsi au ministre l'occasion de constater une contravention, et de faire juger par un tribunal de simple police un droit politique qui est du ressort des chambres et du pays ;

Qu'on servirait ainsi tous les désirs du ministère, et qu'on jouerait à son profit une sorte de comédie indigne de citoyens pénétrés de leurs devoirs :

Considérant de plus que la manifestation à laquelle la population de Paris devait concourir donnait son véritable caractère au banquet projeté ;

Considérant que les mesures prises par l'autorité militaire exposeraient à des collisions certaines et sanglantes ceux qui persisteraient à faire contre la force une démonstration collective ;

Que l'humanité et le patriotisme commandent également d'éviter de pareilles extrémités ;

Par ces motifs, la commission a décidé que le banquet du 12e arrondissement serait ajourné. Elle laisse au pouvoir la responsabilité des provocations et des violences.

Elle a la pleine confiance que l'acte d'accusation d'un ministère qui a conduit la population de Paris au seuil d'une guerre civile sera déposé demain à la chambre, et que la France, consultée ensuite, saura, par le poids de son opinion, faire justice d'une politique qui excite depuis longtemps le mépris et l'indignation du pays.

La décision des députés de l'Opposition et de la commission du banquet ne calma pas l'agitation des esprits, et fut même accueillie d'une manière défavorable par une grande partie de la population.

Journée du mardi 22 février.

Troubles sur la place de la Concorde et aux Champs-Élysées. — Barricades de la rue Saint-Honoré. — Séance de la Chambre des Pairs et de la Chambre des Députés. — Rassemblements sur divers points.

Malgré le mauvais temps, les rues de la capitale offraient dès huit heures du matin un spectacle animé. Chacun s'abordait et s'entretenait de la séance de la chambre des députés de la veille. Presque partout on blâmait hautement la conduite des députés de l'opposition qui, après avoir agité les esprits pendant dix jours, se retiraient au moment même de la grande manifestation réformiste. Vers dix heures, un nombre considérable d'ouvriers et de jeunes gens des écoles se réunirent sur la place du Panthéon et se dirigèrent vers la place de la Madeleine par les rues Saint-Jacques, des Grès, le Pont-Neuf, la rue Saint-Honoré, etc., en faisant entendre le cri de *Vive la réforme!* et en chantant la *Marseillaise* et le *chœur des Girondins*. Le cortége, qui s'était grossi successivement, déboucha sur les boulevards par la rue Duphot; les commissaires des écoles se rendirent au comité central des électeurs de l'opposition, place de la Madeleine, et demandèrent M. Odilon Barrot qui ne s'y trouvait pas, dit-on. En ce moment la foule accourut de toutes parts, car dès six heures du matin, un grand nombre d'ouvriers en costume de travail et de curieux se dirigeaient vers la place de la Madeleine, qui, comme on sait, avait dû être le rendez-vous des députés, des magistrats, des citoyens de toutes les classes ayant souscrit au banquet du 12ᵉ arrondissement. Cette multitude sans cesse grossissante n'avait rien d'hostile, ni de menaçant. La curiosité, l'attente, l'incertitude, telle était l'expression de tous les visages. On ne rencontrait pas un seul sergent de ville en uniforme. Aucun cri, aucun chant patriotique ne s'élevait du sein de la foule.

Les soldats du poste de l'hôtel des affaires étrangères, debout sur le seuil de la porte, sans fusils et sans sabres, regardaient passer la foule agitée. Seulement les grilles de l'église de la Madeleine avaient été fermées par surcroît de précaution, et le marché aux Fleurs n'avait pas eu lieu.

Vers onze heures, les masses populaires remplissaient la place de la Madeleine, la rue Royale, la place de la Concorde. A cet instant, on vit déboucher sur la place de la Madeleine de forts détachements du 21ᵉ régiment de ligne. Ces troupes se rangèrent en bataille et occupèrent, en refoulant le monde, la chaussée à main gauche de l'église. On remarquait que, dans chaque compagnie, un certain nombre de soldats portaient sur leurs sacs des pioches, des haches, des marteaux d'armes. Des clameurs confuses retentirent. Les étudiants qui arrivaient sur deux rangs, entonnèrent l'air de *la Marseillaise* et le chant devenu populaire du *Chevalier de Maison-Rouge*. Le flot des curieux se porta à travers la place de la Concorde, dans la direction de la chambre des députés. A cette heure, l'autorité n'avait point encore placé de troupes aux alentours du Palais-Bourbon, il n'était protégé que par un faible poste. Des cavaliers, envoyés en estafette, traversaient au galop les rangs pressés de la multitude. Les gardes municipaux à pied qui occupaient le corps-de-garde du bord de l'eau et celui du Garde-Meuble s'étaient groupés, sans fusils et les bras croisés, devant les grilles de fer qui protégeaient leurs postes.

Le temps, qui était froid et humide depuis le matin, s'était encore assombri ; la pluie commençait à tomber et les lourdes nuées qui parcouraient le ciel semblaient annoncer un orage. Il était à peu près midi. La Chambre des Députés se trouvait, pour ainsi dire, cernée par la foule, et quelques individus, après avoir escaladé la grille principale, entrèrent dans l'intérieur du palais, dont ils furent renvoyés par le poste de la garde nationale. En ce moment, un escadron de garde municipale arriva au grand trot, balaya le pont de la Concorde, déboucha sur la place et se forma en bataille, en face de l'obélisque. Un détachement de dragons descendit dans la contre-allée des Champs-Elysées, au grand galop. Des cris : *Vivent les dragons !* éclatèrent sur leur passage. Après avoir parcouru dans toute sa longueur la place de la Concorde, ce détachement vint se placer auprès de l'escouade de la garde municipale. Un escadron de chasseurs à cheval se rangea pareillement en bataille sur la même ligne, et de nombreux détachements d'infanterie se dirigèrent de ce côté. Une foule considérable se concentra sur ce point. L'encombrement devint extrême. Des sifflets, des huées, des cris s'élevèrent dans les groupes ; quelques pierres furent lancées sur la garde municipale à cheval. Un cabriolet qui contenait deux dames fut arrêté ; les dames descendirent et le cabriolet fut renversé. Alors des cavaliers se détachèrent et refoulèrent la foule. Plusieurs charges furent exécutées au petit trot par les dragons ; ils furent accueillis par des *vivats* et ne dégaînèrent pas le sabre. Il n'y avait point d'irritation bien vive dans les masses ; des estafettes partaient dans toutes les directions sans être inquiétées sur leur passage.

Nous avons vu un officier de dragons s'avancer seul vers des groupes de curieux, qui s'étaient juchés dans la vasque d'une des fontaines, les inviter à se retirer, et ces curieux s'empresser d'obéir. Quelques retardataires voulurent persister. Mais les eaux commencèrent à jouer, et ils se hâtèrent de déguerpir.

Cependant des escouades de gardes municipaux chargèrent. La foule se dispersa aussitôt; mais dans l'une de ces irruptions soudaines, une dizaine de personnes furent renversées. On releva, gisante sur le pavé, une dame d'un âge fort avancé qui, dit-on, avait été tuée sur le coup. Un ouvrier atteint au cou par le tranchant d'un sabre fut transporté au café des Ambassadeurs, où sa blessure fut pansée.

D'autres scènes analogues se passaient sur la place de la Madeleine et devant le Ministère des affaires étrangères. Un homme signalé, à tort ou à raison, comme un agent de la police secrète, fut poursuivi de huées et de coups de pierres. Des gardes municipaux à cheval firent une charge pour le dégager. Un homme du peuple reçut un coup de pied de cheval qui lui fit à la tête une large plaie. Devant le ministère avaient lieu des désordres plus graves; les portes en avaient été fermées, on essaya de les enfoncer avec des pinces et des bâtons. Des pierres jetées avec force brisèrent des vitres. Des clameurs partaient de tous les côtés : *A bas l'homme de Gand ! à bas Guizot!* criait-on dans la foule. Un garde municipal à cheval voulut sortir, sans doute pour porter des ordres. Il fut assailli de pierres et forcé de rentrer au plus vite. Des forces imposantes arrivèrent aussitôt, et, en quelques minutes, l'hôtel des affaires étrangères fut défendu comme une forteresse. Une ligne de soldats, l'arme au pied, occupa la chaussée du boulevard. Le mur du jardin fut garni d'un cordon de troupes, et une escouade de gardes municipaux à cheval vint se ranger devant la porte. Aucune agression nouvelle n'eut lieu sur ce point.

Cependant presque toutes les boutiques s'étaient fermées sur le boulevard. La foule, loin de diminuer, devenait de plus en plus compacte. A trois heures, il régnait une assez vive inquiétude. On s'entretenait avec anxiété de scènes de désordre qui venaient de se passer dans les Champs-Élysées. En effet, vers deux heures et demie, une centaine d'individus s'étaient rassemblés dans l'une des allées des Champs-Élysées, près du Cours-la-Reine. Ils n'avaient point d'armes. Ils construisirent avec des bancs et des chaises deux barricades. Cette scène avait eu lieu pourtant à cent mètres à peine du détachement de cavalerie rangé devant le pont de la Concorde. Ils allèrent ensuite entourer un poste de six hommes qui se trouve en face du Panorama de la *bataille d'Eylau*. Les soldats, brusquement attaqués, n'eurent que le temps de se réfugier dans le poste en fermant la grille. Un ouvrier passa par dessus cette grille, monta audacieusement le long du mur et se promena sur le toit. D'autres suivirent la même voie et pénétrèrent par l'une des fenêtres du corps de garde. Soit que les soldats n'eussent pas le temps de faire usage de leurs armes, soit qu'ils ne voulussent pas recourir à cette cruelle extrémité, le poste fut occupé par des hommes du peuple, qui essayèrent d'y mettre le feu. Tous les petits postes des Champs-Élysées se retirèrent devant ces démonstrations hostiles, et une bande de gamins commença à mettre le feu au poste vis-à-vis la rue Matignon.

Jusque vers deux heures, les boutiques étaient restées ouvertes au Palais-Royal et dans les quartiers environnants;

mais à ce moment, un rassemblement de deux ou trois cents individus, la plupart en blouses, se dirigea, par la rue Saint-Honoré et la rue Vivienne, vers la place de la Bourse, en chantant la *Marseillaise* et l'air des *Girondins*. Sur sa route, cette bande trouva, rue Vivienne, à ce qu'on nous assure, une voiture de bois en déchargement, vis-à-vis de la porte d'un boulanger; un grand nombre des hommes qui la composaient s'emparèrent de bûches qu'ils portèrent sur l'épaule, et, chemin faisant, ils brisèrent, rue Vivienne, quelques carreaux du magasin de M. Bandoni, chapelier, qui vend aussi des épées et des sabres. On dit que quelques armes ont été enlevées; nous n'en avons pas la certitude. A l'approche de cette troupe, les sentinelles de la Bourse se replièrent, mais aucune attaque n'eût lieu contre le monument, et, avant d'arriver au boulevard, la plupart des individus porteurs de bûches les avaient jetées dans la rue. Cette troupe, dont l'apparition resta sans effet sur le cours de la Bourse, se dirigea par le boulevard vers la place de la Bastille; les boutiques se fermaient sur son passage.

Une scène fort triste avait eu lieu vers une heure et demie sur la place de la Bastille. Un homme, ayant été désigné comme un sergent de ville déguisé, avait été frappé à coups de bâton, et avait reçu un coup de couteau dans le côté, à une assez faible distance du corps de garde des municipaux, qui ne purent intervenir que lorsque le malheureux était abandonné gisant sur le pavé.

A partir de trois heures, de nombreux essais de barricades furent faits dans les rues de Rivoli et Saint-Honoré et les rues adjacentes. On renversa d'abord un omnibus rue de Rivoli, presqu'en face du Ministère des finances. Bientôt une ligne de pavés fut soulevée; on arrêta deux petites voitures dont on avait fait descendre les propriétaires, et l'on s'apprêtait à les renverser, lorsqu'une charge de cavalerie délivra la barricade. En peu d'instants, l'omnibus fut relevé et les soldats rétablirent le pavé; mais, dans le même moment, rue Saint-Honoré, à la hauteur de la rue d'Alger, près de la rue du Marché-Saint-Honoré, rue du 29 Juillet, et sur quelques autres points assez rapprochés, d'autres barricades étaient dressées par les mêmes procédés et bientôt après détruites avec la même facilité. On remarquait, du reste, une sorte de courtoisie de la part des individus qui présidaient à ces opérations, dans la forme des invitations qu'ils adressaient aux personnes qu'il s'agissait de déposséder de leurs véhicules; c'était, le plus souvent, des enfants de douze à quinze ans qui renversaient les voitures et déplaçaient les pavés à l'aide de barres de fer qu'ils s'étaient procurées dans le voisinage.

A l'église Saint-Roch, des tentatives eurent lieu pour briser les grilles afin de se faire des armes avec les barreaux. On brisa aussi quelques barreaux des grilles du Ministère de la marine, et on renversa une partie de la grille qui entoure l'église de l'Assomption.

Des carreaux furent brisés et une attaque fut dirigée contre la boutique de l'armurier Prélat, rue Saint-Honoré, près la rue du 29 Juillet; plusieurs armes blanches lui furent enlevées.

Rue de Richelieu, chez M. Lepage, au coin de la rue Jeannisson, un omnibus ayant été renversé, pendant qu'on dirigeait une attaque contre la boutique, on parvint à entrouvrir un des volets à l'aide d'une pesée; le timon de l'omnibus fut introduit alors dans l'ouverture et l'on s'en servit comme d'un levier. Le peuple s'empara de lames de sabre et de quelques fusils. Mais une charge de dragons, partis de la place du Carrousel, arriva à ce moment ; le peuple prit la fuite ; l'omnibus fut relevé et conduit sur la place du Carrousel.

On nous a raconté qu'à quelques instants de là, un gamin ayant été rencontré porteur d'un fusil double d'assez belle apparence, un passant lui dit : « Ce fusil n'est pas à toi, tu ne l'as pas payé, il faut le rendre. » Le fusil fut rendu, et remis au poste de la troupe de ligne qui se trouvait sous le péristyle du palais, en face de chez Chevet, ce poste n'avait pas bougé pendant ce tumulte.

Cette alerte jeta bientôt la terreur dans le Palais-Royal; les magasins qui étaient restés ouverts furent fermés en peu d'instants ; les grilles de la cour d'honneur furent également fermées; les troupes se retirèrent à l'intérieur des grilles, et le poste de la garde municipale du Château-d'Eau, au coin de la rue Saint-Thomas-du-Louvre, se renferma dans son corps-de-garde. En même temps, on donnait l'ordre aux fiacres et cabriolets d'évacuer la place du Palais-Royal.

L'alarme se répandant de proche en proche, les sergens de ville intimèrent l'ordre aux personnes qui se trouvaient dans les omnibus d'en descendre, et aux conducteurs d'aller remiser leurs voitures. A cet effet, des sergents-de-ville s'étaient placés à la descente du Pont-Neuf. A quelques pas de là, sur le quai de la Ferraille, une bande assez peu nombreuse essaya de piller deux boutiques où elle espérait trouver des armes.

Une autre bande qui s'était portée vers l'École polytechnique en cassant des réverbères, fut dispersée par la troupe de ligne. Ces diverses tentatives sur des points éloignés du centre des rassemblements eurent peu d'importance. Un fait plus grave se passa rue Geoffroi-Langevin, dans le quartier Sainte-Avoie, où un poste de quelques hommes fut désarmé par environ 200 individus.

A partir de quatre heures et demie, le rappel battit dans divers quartiers. Les tambours étaient généralement escortés par un détachement de grenadiers en avant, et de chasseurs en arrière. Les gardes nationaux ne montraient pas un grand empressement à se rendre aux mairies.

On avait craint que quelques tentatives ne fussent dirigées contre les établissements de gaz, afin d'apporter obstacle à l'éclairage de la ville. Dès le matin ces établissements étaient gardés par de forts piquets de troupes de ligne, et le service du gaz fut fait le soir trés-régulièrement, à l'exception du quartier des Champs-Elysées, où beaucoup d'appareils d'éclairage avaient été brisés.

Chose assez remarquable, à l'approche de la nuit, qui d'ordinaire est l'heure où le tumulte va en augmentant, on vit l'ordre se rétablir sur tous les points qui avaient été dans la journée le théâtre des rassemblements. Cette partie de la ville, à sept heures, offrait l'aspect qu'elle offre habituellement vers minuit; toutes les boutiques étaient fermées, à l'exception des cafés, des restaurateurs et des marchands de vin. On n'entendait que de loin en loin le bruit d'une voiture, et on ne rencontrait que de rares piétons. Par-ci, par-là cependant, on voyait quelques groupes, par exemple à l'angle des places où la troupe stationnait paisiblement, les armes en faisceau et avec des feux de bivouac.

Quelques rares patrouilles de garde nationale circulaient silencieuses.

Le passage sur la place du Carrousel avait été interdit à partir de cinq heures, et le soir, la circulation fut défendue de la rue Saint-Honoré à la rue de Rivoli, à partir de la rue de Rohan jusqu'à la rue de Castiglione. Le Théâtre-Français et le Théâtre-Italien firent relâche.

Les troubles dont Paris était le théâtre n'empêchèrent point la chambre des députés de se réunir et de continuer la discussion du projet de loi relatif à la prorogation du privilége de la banque de Bordeaux. Pendant la séance, M. Odilon Barrot déposa au nom de 53 députés la proposition suivante que le président de la chambre, M. Sauzet, déclara devoir être soumise le jeudi suivant à l'examen des bureaux.

Nous proposons de mettre le ministère en accusation comme coupable :

1° D'avoir trahi au-dehors l'honneur et les intérêts de la France ;

2° D'avoir faussé les principes de la constitution, violé les garanties de la liberté et attenté aux droits des citoyens;

3° D'avoir, par une corruption systématique, tenté de substituer à la libre expression de l'opinion publique les calculs de l'intérêt privé, et de pervertir ainsi le gouvernement représentatif;

4° D'avoir trafiqué, dans un intérêt ministériel, des fonctions publiques, ainsi que de tous les attributs et priviléges du pouvoir ;

5° D'avoir, dans le même intérêt, ruiné les finances de l'État, et compromis ainsi les forces et la grandeur nationales;

6° D'avoir violemment dépouillé les citoyens d'un droit inhérent à toute constitution libre, et dont l'exercice leur avait été garanti par la Charte, par les lois et par les précédents;

7° D'avoir enfin, par une politique ouvertement contre-révolutionnaire, remis en question toutes les conquêtes de nos deux révolutions, et jeté dans le pays une perturbation profonde.

MM.	MM.
Barrot (Odilon).	De Thiard.
Duvergier de Hauranne.	Dupont (de l'Eure).

Isambert.
De Maleville (Léon).
Garnier-Pagès.
Chambolle.
Bethmont.
Lherbette.
Pagès (de l'Ariége).
Baroche.
Havin.
Faucher (Léon).
De Lasteyrie (Ferdinand).
De Courtais.
De Saint-Albin.
Crémieux.
Gaulthier de Rumilly.
Raimbault.
Boissel.
De Beaumont (Somme).
Lesseps.
Mauguin.
Creton.
Abbattucci.
Luneau.
Baron.
Lafayette (Georges).

Marie.
Carnot.
Bureaux de Puzy.
Dussolier.
Mathieu (Saône-et-Loire).
Drouyn de L'Huys.
D'Aragon.
Cambacérès.
Drault.
Marquis.
Bigot.
Quinette.
Maichain.
Lefort-Gonsollin.
Tessié de la Motte.
Demarçay.
Berger.
Bonnin.
De Jouvencel.
Larabit.
Vavin.
Garnon.
Maurat-Ballange.
Taillandier.

A la chambre des pairs, M. le marquis de Boissy fit le même jour le proposition suivante :

« Attendu que la chambre des pairs a été moins personnellement en jeu dans les événements qui ont préparé et amené la situation actuelle, qu'il est par conséquent d'autant plus convenable et peut-être plus utile qu'elle prenne dans cette circonstance une initiative pouvant amener une transaction, une conciliation désirées par tous les amis sincères et éclairés du pays, j'ai l'honneur de demander à la chambre la permission d'interpeller le cabinet sur la situation présente de la capitale; et, attendu l'urgence, j'ai l'honneur de prévenir la chambre qu'elle peut ordonner que les interpellations seront faites à l'instant même. Je suis à ses ordres. »

Cette proposition, appuyée par MM. d'Alton-Shée, Turgot et Boissy d'Anglas, fut repoussée par la chambre.

Journée du mercredi 23 février.

Physionomie de Paris.—Barricades.—Dispositions de la garde nationale.—Changement de ministère.—Illuminations.—Massacre du boulevard des Capucines.

Quoique Paris présentât, en général, dans la soirée du mardi 22, une physionomie tranquille, il y avait cependant partout une agitation fiévreuse qu'expliquaient du reste les événements de la journée. La troupe de ligne et de forts détachements de cavalerie parcouraient les boulevards, tandis que les gardes municipaux se reposaient de leurs fatigues; beaucoup d'entre eux avaient été blessés à coups de pierres sur la place de la Concorde ou avaient fait des chutes dangereuses dans les Champs-Élysées détrempés par la pluie. De nombreux rassemblements, dispersés à chaque instant et renouvelés aussitôt, se montraient aux portes Saint-Denis et Saint-Martin. Cette petite émeute n'avait rien d'inquiétant aux yeux de la police. Mais la foule s'animait cependant de plus en plus. Vers neuf heures, des ouvriers et des gamins brisèrent la rampe en fer qui descend d'un côté du boulevard Bonne-Nouvelle vers la porte Saint-Denis, à dix pas d'un bataillon de ligne qui ne les en empêcha pas. En même temps quelques barricades s'élevaient dans les environs du passage Bourg-l'Abbé, et on voyait passer dans les rues sombres et tortueuses de ce quartier un assez grand nombre d'individus armés. Mais la plupart étaient des enfants et n'avaient pas de munitions. La foule inoffensive qui les regardait passer les plaignait de s'exposer ainsi à une mort certaine.

Vers une heure du matin, Paris tout entier semblait être rentré dans un calme profond. Le mercredi matin, à sept heures, le rappel battit dans plusieurs quartiers, et la garde nationale, cette fois, s'empressa d'y répondre.

Mais le réveil fut bien triste. Pendant la nuit, des dispositions avaient été prises de part et d'autre. Les troupes avaient bivouaqué sur les places publiques; des canons avaient été amenés de Vincennes et mis en batterie sur la place du Carrousel et sur la place de la Concorde; des troupes avaient passé la nuit sur ces deux places, aux abords des portes Saint-Martin et Saint-Denis. D'un autre côté, le peuple avait préparé ses moyens de défense; des barricades avaient été élevées sur beaucoup de points : dans la rue Rambuteau, au coin de la rue Beaubourg, on en avait formé une avec deux diligences et la guérite du poste de la rue Langevin, remplie de pavés; d'autres barricades avaient été faites dans la rue Saint-Martin, près de la rue aux Ours, près de Saint-Nicolas, près de Saint-Merry, au coin de la rue de la Verrerie; on pouvait en voir aussi plusieurs rue Sainte-Croix-de-la-Bretonnerie, au coin de celle des Billettes, rue de la Verrerie, près la rue du Coq-Saint-Jean, rue Saint-Louis au Marais, rue du Temple, rue Michel-le-Comte, au coin de la rue de Lancry. L'autorité militaire avait été informée de ces préparatifs de défense et avait pris ses précautions; des canons étaient braqués dès le matin sur les quais, dans la rue des Coquilles, près l'Hôtel-de-Ville, dans la rue de la Vannerie et autour du château des Tuileries.

Ainsi chacun se préparait à la lutte, et elle eût été plus terrible qu'elle ne l'a été sans l'attitude et l'énergie de la garde nationale.

Dès sept heures du matin, la foule se porta en masse aux Champs-Élysées. A neuf heures des rassemblements très-nombreux se formèrent sur toute la ligne des boulevards Bonne-Nouvelle, Saint-Denis, du Temple, dans les rues Saint-Denis, du Petit-Carreau, Poissonnière ; en même temps un rassemblement de plusieurs centaines de personnes se formait sur la place du Panthéon et se mettait bientôt en marche vers la rue Saint-Martin. Les postes de la rue Geoffroy-Langevin, de la rue Sainte-Croix-de-la-Bretonnerie, furent pris par le peuple, qui s'empara des armes qui s'y trouvaient. La lutte s'engagea alors ; les troupes firent plusieurs décharges ; le peuple y répondit des barricades, et le combat dura sur ces divers points pendant une très-grande partie de la journée. Au boulevard du Temple, des forces imposantes avaient été réunies ; plusieurs barricades furent détruites facilement par la troupe. Malheureusement, à la hauteur du théâtre de l'Ambigu, un garde national à cheval, faisant partie d'un détachement qui voulut dissiper les rassemblements, fut renversé de cheval et très-grièvement blessé.

Mais, dans plusieurs légions, les gardes nationaux avaient pris les armes, et, nous sommes heureux de le dire, leur attitude noble et patriotique devait, sinon arrêter toute effusion de sang, du moins empêcher les plus grands malheurs.

La deuxième légion s'était réunie en assez grand nombre, elle était animée d'un louable esprit de conciliation ; elle répondit aux paroles de son colonel que si elle voulait coopérer au rétablissement de l'ordre, elle entendait surtout exprimer les véritables sentiments de la population de la capitale, protester énergiquement contre le système du ministère et réclamer la réforme électorale. Les dispositions de la deuxième légion étaient telles, que le lieutenant-colonel, M. Baignères, se rendit à deux heures auprès du duc de Nemours et lui dit en termes fort énergiques que si les concessions demandées par l'opinion publique n'étaient pas faites, il lui était impossible de répondre de l'esprit de sa légion.

La troisième légion se réunit de bonne heure et en assez grand nombre sur la place des Petits-Pères, où est située la mairie du troisième arrondissement. Dès que de nouveaux pelotons arrivaient, des cris de *Vive la réforme! A bas les ministres!* se faisaient entendre. A onze heures, un groupe nombreux mais inoffensif s'était formé sur la place des Petits-Pères ; un peloton de garde municipale chargeait au pas de course dans la rue des Petits-Pères et allait déboucher sur la place, quand un officier de la garde nationale, M. Degousée, s'interposa entre le peuple et la compagnie de garde municipale pour empêcher l'effusion du sang. Il écarta les baïonnettes au péril de ses jours; les gardes municipaux, qui, en ce moment, étaient au comble de l'excitation, ne voulaient plus rien entendre. Deux gardes municipaux croisèrent la baïonnette sur la poitrine de M. Degousée ; ce fut alors que des officiers et un certain nombre de gardes nationaux vinrent au secours de leur collègue et parvinrent à le dégager. Leurs exhortations furent entendues. L'officier de la garde municipale fit rentrer ses hommes dans leur caserne. Vers midi, le colonel de la troisième légion, M. Besson, pair de France, ne pouvant plus douter de l'esprit qui animait la grande majorité de la légion, se rendit à l'état major, auprès de M. le général

Jacqueminot, et lui communiqua les impressions de la garde nationale. Il revint bientôt et annonça que le général en chef lui avait promis de se faire l'interprète de la troisième légion auprès du roi.

A deux heures et demie, un général d'état-major de la garde nationale, M. Friant, arriva sur la place des Petits-Pères et annonça officiellement que le ministère venait de donner sa démission. Des patrouilles parcouraient pendant ce temps toute la circonscription du troisième arrondissement; des groupes nombreux se joignirent à ces détachements et les accompagnèrent en criant avec une partie des gardes nationaux : *A bas les ministres! Vive la réforme!*

A onze heures, deux compagnies de la ligne, qui venaient d'enlever une barricade au coin de la rue Cléry et de la rue Poissonnière, débouchaient au pas de course de la rue de Mulhouse dans la rue des Jeûneurs, se précipitant, la baïonnette au bout du fusil, sur des groupes inoffensifs. Un homme venait d'être renversé sur le pavé et foulé aux pieds. M. Perrée, capitaine de la deuxième légion, s'avança au-devant du capitaine, et le supplia d'arrêter sa compagnie, de lui faire remettre l'arme au bras, de marcher au pas ordinaire pour donner aux groupes le temps de se retirer et éviter des violences inutiles et profondément regrettables. L'officier se rendit à ses observations et la compagnie continua tranquillement sa route.

La quatrième légion s'était réunie dès le matin. Vers trois heures et demie, quatre à cinq cents hommes, sans armes, parmi lesquels vingt-cinq officiers, se présentèrent chez M. Crémieux, qui était à la chambre des députés; les gardes nationaux s'y rendirent; mais, arrêtés sur la place de la Concorde par un détachement de la dixième légion, ils envoyèrent un délégué en habit bourgeois, M. Haguette, auprès de M. Crémieux pour lui remettre des pétitions. MM. Crémieux, Marie et Beaumont (de la Somme) se rendirent immédiatement sur le pont et se placèrent au milieu d'un cercle formé par la députation de la quatrième légion. M. Crémieux leur parla en ces termes :

« Messieurs et chers concitoyens, ce matin, quand une
« nombreuse députation de la 4ᵉ légion m'a fait l'honneur
« de venir me demander conseil sur la conduite que les
« gardes nationaux devaient tenir, je lui ai dit : *Protecteurs*
« *de l'ordre public et de la liberté,* allez en masse, *sans fusils,*
« sur tous les points où des collisions éclatent; mettez un
« terme à l'effusion du sang de vos frères, citoyens ou sol-
« dats, car les soldats sont vos frères comme le peuple.
« (Longues acclamations.) Vous étiez frappés de la crainte
« que votre concours ne semblât un acquiescement à une
« détestable politique, je vous ai conseillé d'adresser une
« pétition à la chambre dans laquelle vous feriez connaître
« votre opinion comme citoyens, en même temps que vous
« marcheriez comme gardes nationaux. Ces pétitions, je
« suis venu les recevoir avec mes amis, M. Marie, votre bon
« et loyal député, et M. Beaumont (de la Somme), dont le
« patriotisme vous est si connu. (Les cris de Vive Marie!
« et Vive Beaumont! interrompirent l'orateur.) Nous allons
« déposer vos pétitions sur la tribune, et maintenant allez
« où des collisions s'élèvent, rétablissez l'ordre et la paix;
« le ministère est frappé de mort, la garde nationale a pro-
« noncé son arrêt. »

La garde nationale à cheval avait été convoquée dans la matinée; elle s'était réunie en grand nombre, plus de trois à quatre cents gardes étaient sous les armes. Vers midi, un fort détachement reçut l'ordre de faire le tour de Paris;

les gardes nationaux à cheval partirent par la place des Victoires, ils gagnèrent les boulevards, qu'ils remontèrent jusqu'à la Bastille, puis ils revinrent par la rue Saint-Antoine et les quais; à leur retour sur la place du Carrousel, M. de Montalivet, colonel de la 13° légion, leur adressa le discours suivant :

« Mes chers camarades, le roi m'a chargé de vous remer« cier du concours que vous avez prêté à l'ordre et au gou« vernement fondé en juillet; il vient d'accepter les démis« sions de tous ses ministres; il m'a chargé de vous en
« prévenir. Rentrez chez vous, tout est terminé, mais de« main soyez exacts à votre poste, car il n'y a plus de mi« nistère, et la garde nationale aura tout à faire pour main« tenir l'ordre. L'abstention de la garde nationale aujour« d'hui était un fait regrettable, et nous devons vous
« féliciter du concours que vous avez prêté au gouver« nement. »

Un officier s'avança et s'écria :

« Colonel, la garde nationale à cheval n'a pas fait au« jourd'hui acte d'adhésion au ministère, elle est venue
« prêter main forte à l'ordre et aux institutions de juillet. »

M. de Montalivet répondit :

« Mes sentiments sont connus, je n'ai pas à les exprimer
« ici, l'uniforme me gêne pour dire tout ce que je sens, tout
« ce que j'éprouve; mais je crierai avec vous : Vivent les
« institutions formées en juillet! Vive le roi! »

Dans la 10° légion un fait bien significatif s'est produit. A sept heures le rappel fut battu dans la circonscription de la légion; peu de gardes nationaux paraissaient répondre à cet appel; plusieurs citoyens dévoués accompagnèrent les tambours, se rendirent au domicile des membres de la garde nationale, et les engagèrent à prendre les armes. On parvint ainsi à réunir un ou deux bataillons.

Le colonel de la légion, M. Lemercier, se présenta alors et engagea la légion à marcher pour rétablir l'ordre. Un garde national, M. B....., sortit des rangs et répondit au colonel qu'il paraissait se tromper étrangement sur les sentiments de la dixième légion, qu'elle ne demandait pas mieux que de coopérer au rétablissement de l'ordre, mais qu'avant tout elle exigeait la réforme électorale et le renvoi d'un ministère profondément antipathique aux sentiments du pays ; qu'elle était donc réunie pour crier : A bas les ministres! et Vive la réforme!

Aussitôt le bataillon tout entier proféra d'une voix presque unanime les cris de : Vive la réforme! A bas Guizot!

M. le colonel Lemercier descendit de cheval et voulut adresser quelques mots aux gardes nationaux ; mais il ne lui fut répondu que par les cris de Vive la réforme!

A ce moment un homme en bourgeois qui se trouvait près du colonel se mit à crier : Vive la réforme! Le colonel Lemercier lui mit la main sur le collet et voulut le faire arrêter. Mais les gardes nationaux s'écrièrent que cet homme n'exprimait que des sentiments qui étaient les leurs, et qu'ils ne l'arrêteraient pas.

M. Lemercier alors ne trouva rien de mieux à faire que de remonter à cheval et de s'éloigner.

On voit quelle était l'attitude de la garde nationale; il faut ajouter que les troupes étaient démoralisées et semblaient prêtes à se ranger du côté du peuple. On n'entendait qu'un seul cri dans tout Paris : *Vive la ligne! A bas les municipaux! Vive la Réforme! A bas Guizot!* La garde nationale était accueillie partout avec de bruyantes acclamations auxquelles elle répondait par les cris de *Vive la Réforme! A bas le ministère!* Paris présentait alors un spectacle étrange. Les femmes aux fenêtres agitaient leurs mouchoirs et encourageaient la foule qui se pressait dans les rues.

A quatre heures le bruit de la démission du ministère fut apporté sur les divers points de la capitale. La lutte cessa aussitôt, les troupes qui stationnaient dans presque toutes les rues et sur toutes les places disparurent comme par enchantement, et à cinq heures et demie on circulait librement dans toutes les rues de la capitale; la population paraissait heureuse.

On s'abordait pour s'annoncer l'heureux dénouement de la lutte, la chute d'un ministère rétrograde et réprouvé. A la bourse, les joueurs, sur cette nouvelle, firent une hausse de 40 centimes sur la rente.

Des aides-de-camp et des officiers-généraux parcoururent vers cinq heures les boulevards, en annonçant que le roi allait former un nouveau ministère. « Cela ne suffit pas, s'écria-t-on, il faut que les anciens ministres soient mis en accusation. » En même temps, une bande d'individus de toutes les conditions se précipita sur le poste du boulevard Bonne-Nouvelle, occupé par la troupe de ligne, et délivra les prisonniers qui y étaient renfermés. La même scène eut lieu au poste du Château-d'Eau, sur le boulevard du Temple. Pour quiconque connaît le peuple parisien, il était évident que la lutte n'était pas terminée dans ce quartier. On s'était battu toute la journée avec acharnement rue du Temple, au Marais, etc., et le peuple armé disait hautement que la démission du ministère ne suffisait pas pour racheter tout le sang versé. A six heures, on commença à élever, dans les rues du Temple et Sainte-Avoie, des barricades gigantesques.

A sept heures et demie, la lutte était encore engagée entre le peuple et cent cinquante gardes municipaux, rue Bourg-l'Abbé, au coin de la rue Neuve-Bourg-l'Abbé. La garde nationale arriva sur le lieu du combat, elle cerna les cent cinquante gardes municipaux, qui se rendirent et lui remirent leurs armes. On dit que dans cette lutte deux hommes du peuple ont été tués, et que plusieurs municipaux ont été tués et blessés.

A huit heures du soir, Paris était dans l'allégresse. Sur les boulevards et dans toutes les rues l'illumination était générale; les citoyens s'abordaient pour s'annoncer la bonne nouvelle : la chute du ministère Guizot. Une foule considérable se pressait surtout dans les rues Saint-Denis et Saint-Martin, illuminées d'une manière vraiment féerique. Dans ces deux rues, des citoyens distribuaient des bandes de papier sur lesquelles était imprimé le mot *Réforme*, en engageant les Parisiens à les mettre à leurs chapeaux et à se rendre le lendemain en bon ordre à la chambre des députés. Les barricades s'élevaient cependant dans les petites rues de ce quartier. On voyait passer des hommes armés. D'autres frappaient aux maisons en demandant des fusils, et lorsqu'ils en avaient reçu, ils écrivaient à la craie sur la porte : *armes données*, ou *pas de fusils*. A l'autre bout de la capitale, sur la place Vendôme, une démonstration était faite sous les fenêtres de M. Hébert, ministre de la justice. Un rassemblement composé de plus de huit mille hommes se porta au ministère de la justice, où il se borna à proférer les cris de : A bas Hébert! à bas l'inventeur de la complicité morale!

Ces démonstrations semblaient effrayer peu la population. La masse était fière et joyeuse du renversement du ministère, et les esprits timorés se rassuraient en voyant les troupes de toutes armes qui se portaient sur les différents points. Mais une sinistre nouvelle se répand bientôt dans Paris; un massacre horrible vient d'avoir lieu au boulevard des Capucines. Laissons parler le *National* :

« Ce soir, à dix heures un quart, un rassemblement s'est porté au ministère des affaires étrangères en chantant la *Marseillaise* et *Mourir pour la Patrie*.

« Tout-à-coup, sans aucune sommation, sans la moindre formalité légale, une décharge à bout portant a été dirigée contre cette masse désarmée.

« *Cinquante-deux* personnes sont tombées par terre, mortes ou blessées : un cri d'horreur et de vengeance est parti aussitôt du sein de ce peuple victime d'un abominable guet-à-pens.

« Cette foule se divisant alors en groupes divers, les uns sont restés pour relever les morts et porter les blessés à l'hôpital; les autres, refluant jusqu'au boulevard des Italiens, indignés, exaspérés, criant : *Aux armes! aux armes! on nous assassine!* Quelques-uns, revenant dans les quartiers qu'ils habitent, y apportaient ce récit affreux et semaient partout la colère dont ils étaient animés.

« Bientôt après, nous avons vu revenir au *National* un tombereau portant des cadavres : le tombereau était éclairé par des torches, entouré de ces braves gens, dont l'indignation étouffait les larmes, et qui, découvrant les blessures saignantes, montrant ces hommes naguère chantans et joyeux, maintenant inanimés et chauds encore du feu des balles, nous criaient avec fureur : « Ce sont des assassins « qui les ont frappés ! Nous les vengerons ! Donnez-nous « des armes !... des armes !... » Et les torches, jetant tourà-tour leur lueur sur les cadavres et sur les hommes du peuple qui les conduisaient, ajoutaient encore aux émotions violentes que causait ce convoi funèbre. — M. Garnier-Pagès, se trouvant en ce moment dans nos bureaux, s'est adressé à ces citoyens : il est facile de comprendre ce que lui et nous nous éprouvions en présence d'une exaspération si légitime. Ce député a promis qu'il ferait tous ses efforts pour qu'on accordât au peuple, ainsi attaqué, fusillé à bout portant, la satisfaction exigée par ces ministres impies, atroces.

« Le tombereau est reparti ensuite, traîné, éclairé de la même manière. En portant ces morts dans les quartiers éloignés, les assistans ont fait entendre les mêmes accents de douleur virile et de terrible indignation, et partout l'indignation publique répondait à la leur.

« En moins de deux heures, cet événement était connu dans tout Paris ; nous venons de parcourir les quartiers les plus voisins pour nous assurer de l'impression qu'il a produite. On dirait qu'il n'y a de sommeil pour personne. Des groupes animés stationnent aux coins des rues ; on entend tout le monde répéter : *c'est infâme !* Des barricades sont faites rue Cadet, rue Vivienne, rue Grange-Batelière ; un mouvement extraordinaire règne sur ce point de la capitale, qui est toujours le plus lent à se mouvoir. »

Comme nous avons eu le triste avantage d'assister à cet horrible spectacle, nous pouvons affirmer que soixante-trois, et non cinquante-deux personnes, des deux sexes, de tout âge, de toute condition, étaient tombées victimes de ce guet-à-pens ; mais nous devons ajouter que la cause réelle n'en est pas encore suffisamment expliquée: en effet, suivant une autre version, un coup de feu parti sans qu'on connût l'auteur, et qui paraissait dirigé sur la troupe, aurait occasionné cette fatale catastrophe, qui motiva la reprise des hostilités au moment où elles paraissaient suspendues.

Il est presque impossible de se représenter l'aspect du boulevard des Italiens au moment où le tombereau qui portait dix-sept cadavres, escorté d'une foule exaspérée, arriva, à la lueur des torches, rue Lepelletier, vis-à-vis les bureaux du *National. Vengeance!* s'écriait-on de tous les côtés, *aux armes! citoyens.* Nous venions de voir passer dans la rue Richelieu près de trois mille hommes de troupes (infanterie, cavalerie et artillerie) qui se dirigeaient vers les Tuileries. Mais cette nouvelle ne fit qu'exaspérer la population. On commença à élever des barricades avec les arbres du boulevard : les armes manquaient ; le seul armurier du quartier, M. Devismes, avait été dépouillé. Le funèbre cortége se dirigea rue Jean-Jacques Rousseau, vers les bureaux du journal *La Réforme.* Le rédacteur en chef de cette feuille, M. Ferdinand Flocon, averti par quelques citoyens, vint annoncer que justice serait faite. Le peuple se retira en criant : *Aux armes!* et le char des morts continua sa route, au milieu des cris de vengeance qui partaient d'un grand nombre de fenêtres.

Pendant que des barricades se formaient sur les boulevards et dans les quartiers populeux qui s'étendent depuis la rue Montmartre jusqu'au Marais, la rive gauche de la Seine, ordinairement si paisible, commençait à s'agiter. Les étudiants, qui revenaient des boulevards, racontaient à la foule irritée la déplorable catastrophe de l'hôtel des Capucines. L'irritation était extrême. Il était minuit. Depuis le matin, l'attitude du faubourg Saint-Marceau et du quartier des écoles avait été menaçante. Dans la soirée, on avait forcé quelques boutiques d'armuriers, et, une troupe de jeunes gens, conduits, dit-on, par des élèves de l'Ecole-Polytechnique, avait sonné le tocsin à l'église Saint-Sulpice. M. Boulay (de la Meurthe), colonel de la 11ᵉ légion, fit alors battre le rappel. Un assez petit nombre de gardes nationaux se réunirent à la mairie. Tous étaient consternés, et il y eût un moment de désordre. Par suite d'un aveuglement inexplicable, l'état-major refusait de délivrer des cartouches aux gardes nationaux. On prit alors le parti de former une immense patrouille qui parcourut les divers quartiers de l'arrondissement. Tout était calme, mais on entendait au loin retentir le bruit de la fusillade. Dans la nuit, M. Démonts, maire du 11ᵉ arrondissement, vint annoncer aux gardes nationaux, bivouaqués dans la mairie, que le roi venait de charger MM. Thiers et Odilon-Barrot de former un nouveau ministère. Cette nouvelle fut accueillie par un morne silence. Tout le monde était dans l'attente de nouveaux et graves événements.

Journée du jeudi 24 février.

Barricades. —Changement de ministère.—Événements de la matinée. — Abdication du roi.—Attaque du poste du Château-d'Eau.—Prise des Tuileries.—Fuite du roi.— La duchesse d'Orléans à la Chambre des députés. — Proclamation de la République.

Dans cette journée décisive, l'une des plus étonnantes de l'histoire, les événements se pressent avec tant de rapidité, qu'il est presque impossible de les suivre. Nous n'avons point d'ailleurs la prétention d'écrire une histoire de la révolution de 1848. Notre but, beaucoup plus modeste, est de réunir des matériaux authentiques, de manière à ce que nos lecteurs puissent avoir un compte-rendu exact des faits qui ont eu lieu pendant ces journées. On doit comprendre que, retenu par notre service de garde national, nous n'avons pu nous transporter sur tous les points. Du reste, les incidents particuliers de la journée de jeudi trouveront place dans les *anecdotes* réunies à la fin de ce volume. Nous ne pouvons donner ici que l'ensemble des faits.

La terrible catastrophe du boulevard des Capucines rendait une révolution d'autant plus inévitable que les deux chambres semblaient, pour ainsi dire, braver et dédaigner la colère du peuple déjà en armes. Dans la séance de mercredi, M. Boissy avait de nouveau demandé à la chambre des pairs la permission d'adresser aux ministres des interpellations sur les événements de la veille et de la matinée. Sa proposition avait été rejetée, au milieu d'un tumulte inconcevable, et celle de M. d'Althon-Shée, sur le même sujet, n'avait pas eu un meilleur sort. A la chambre des députés, M. Guizot, interpellé par M. Vavin, député du onzième arrondissement, sur la non-convocation de la garde nationale, avait déclaré que M. Molé était chargé par le roi de former un ministère, et que jusqu'à leur retraite, lui et ses collègues feraient respecter l'ordre. Le nom de M. Molé, dont le ministère avait été si peu populaire, n'était pas propre à calmer les alarmes. Le sang avait déjà coulé. Le peuple était au comble de l'exaspération et de la défiance. Il n'était plus disposé à se contenter d'un changement de ministère; il réclamait des réformes radicales et immédiates.

Le jeudi matin, les journaux démocratiques de Paris, *la Réforme* et *le National*, publièrent la pièce suivante :

« Le ministère est renversé : c'est bien.

« Mais les derniers événements qui ont agité la capitale appellent sur des mesures devenues désormais indispensables l'attention de tous les bons citoyens.

« Une manifestation légale, depuis longtemps annoncée, est tombée tout-à-coup devant une menace liberticide, lancée par un ministre du haut de la tribune. On a déployé un immense appareil de guerre, comme si Paris eût eu l'étranger, non pas à ses portes mais dans son sein. Le peuple, généreusement ému et sans armes, a vu ses rangs décimés par des soldats. Un sang héroïque a coulé.

« Dans ces circonstances, nous, membres du comité électoral démocratique des arrondissements de la Seine, nous faisons un devoir de rappeler hautement que c'est sur le patriotisme de tous les citoyens, organisés en garde nationale, que reposent, aux termes mêmes de la charte, les garanties de la liberté.

« Nous avons vu, sur plusieurs points, les soldats s'arrêter avec une noble tristesse, avec une émotion fraternelle, devant le peuple désarmé. Et, en effet, combien n'est pas douloureuse, pour des hommes d'honneur, cette alternative de manquer aux lois de la discipline ou de tuer des concitoyens! La ville de la science, des arts, de l'industrie, de la civilisation, Paris enfin, ne saurait être le champ de bataille rêvé par le courage des soldats français. Leur attitude l'a prouvé, et elle condamne le rôle qu'on leur impose.

« D'un autre côté, la garde nationale s'est énergiquement prononcée, comme elle le devait, en faveur du mouvement réformiste, et il est certain que le résultat obtenu aurait été atteint sans effusion de sang, s'il n'y eût pas eu de la part du ministère provocation directe, provocation résultant d'un brutal étalage de troupes.

« Donc les membres du comité électoral démocratique proposent à la signature de tous les citoyens la pétition suivante :

« Considérant :

« Que l'application de l'armée à la compression des troubles civils est attentatoire à la dignité d'un peuple libre et à la moralité de l'armée elle-même ;

« Qu'il y a là renversement de l'ordre véritable, et négation permanente de la liberté;

« Que le recours à la force seule est un crime contre le droit;

« Qu'il est injuste et barbare de forcer des hommes de cœur à choisir entre le devoir du militaire et ceux du citoyen ;

« Que la garde nationale a été instituée précisément pour garantir le repos de la cité et sauvegarder les libertés de la nation;

« Qu'à elle seule il appartient de distinguer une révolution d'une émeute,

« Les citoyens soussignés demandent que le peuple tout entier soit incorporé dans la garde nationale;

« Ils demandent que la garde municipale soit dissoute ;

« Ils demandent qu'il soit décidé législativement qu'à l'avenir l'armée ne pourra plus être employée à la compression des troubles civils;

« A. Guinard, électeur, délégué du 8ᵉ arrondissement;

« Louis Blanc, électeur, délégué du 2ᵉ arrondissement;

« David (d'Angers), électeur, délégué du 11ᵉ arrondissement, membre de l'Institut;

« Martin (de Strasbourg), électeur, délégué du 10ᵉ arrondissement, ancien député ;

« Durand Saint-Amand, électeur, délégué du 1er arrondissement ;
« Félix Pyat, électeur, délégué du 8e arrondissement;
« Greinheiser, capitaine, 3e légion, délégué du 5e arrrondissement ;
« Vasnier, capitaine, 4e légion, délégué du 4e arrondissement;
« Haguette, électeur municipal, délégué du 4e arrondissement ;
« Recurt, capitaine, 8e légion, électeur, délégué du 8e arrondissement;
« O. Gellée, électeur, délégué du 9e arrondissement;
« Chaumier, électeur, délégué du 9e arrondissement ;
« L. Monduit, électeur, délégué du 11e arrondissement;
« M. Goudchaux, électeur, délégué du 2e arrondissement;
« Barbier, électeur, délégué du 10e arrondissement;
« Lauveau, capitaine, 7e légion, électeur, délégué du 7e arrondissement;
« Dauphin, capitaine, 7e légion, électeur, délégué du 7e arrondissement ;
« Destourbet, capitaine, 7e légion, électeur, délégué du 7 arrondissement;
« Jules Bastide, électeur, délégué du 7e arrondissement;
« Hovyn, chef de bataillon, 3e légion, électeur, délégué du 3e arrondissement ;
« Victor Masson, électeur, délégué du 11e arrondissement ;
« De la Châtre, électeur, délégué du 1er arrondissement;
« Cerceuil, capitaine, 8e légion, électeur, délégué du 8e arrondissement. »

Toutes les réformes proposées ou acceptées, toutes les combinaisons ministérielles étaient désormais inutiles. C'en était fait de la royauté, et le prince élu en juillet 1830 devait partager le sort de Charles X.

Paris, dès six heures du matin, était couvert de barricades. Des citoyens les plus paisibles concouraient à relever les pavés, à forger des pics ; des travaux gigantesques furent accomplis. A huit heures le rappel battait dans les rues et la garde nationale se rassemblait.

Des milliers de citoyens armés de fusils, de sabres, de piques, de pistolets, se rendaient silencieusement derrière les barricades, sur lesquelles le drapeau tricolore n'a pas tardé à être arboré.

Une grande hésitation se faisait remarquer parmi les troupes de ligne, qui attendaient mornes et tristes les événements.

Le mouvement populaire se prononça bientôt avec la plus grande énergie. Le tocsin sonna à toute volée.

Vers sept heures du matin, un feu de peloton se fit entendre à la hauteur du faubourg Montmartre, sur le boulevard; et une heure après, un vif engagement eut lieu au boulevard St-Denis entre le peuple et la troupe de ligne.

A ce bruit de nouvelles barricades s'élevèrent comme par enchantement; les rues furent dépavées, de nouveaux obstacles composés uniquement de tas de pavés hauts de 2 mètres environ furent dressés à l'angle de toutes les rues.

A neuf heures, on apprit que le roi avait appelé dans la nuit MM. Odilon Barrot et Thiers, qu'un ministère composé de MM. Odilon Barrot, Thiers, Duvergier de Hauranne, Léon de Malleville et de Rémusat, venait d'être nommé, et que la dissolution de la chambre était arrêtée.

Mais, soit par fatalité ou par oubli, soit par un aveuglement inexplicable, le gouvernement n'avait fait insérer au *Moniteur* que la nomination de M. Bugeaudaux fonctions de commandant supérieur des forces militaires du département de la Seine.

A dix heures et demie, le 45⁹ de ligne fraternisait avec le peuple, et, accompagné de la garde nationale, il rentrait dans la caserne de la Nouvelle-France. Presque partout la ligne rendait ses armes. Les gardes municipaux seuls étaient l'objet de la haine de la multitude. Le roi, averti par les sinistres nouvelles qui se succédaient aux Tuileries, dut alors céder.

Nous empruntons le récit suivant à la *Presse ;* nous avons tout lieu de le croire exact, car M. Emile de Girardin, rédacteur en chef de ce journal, a joué en ce moment un rôle assez important :

« A neuf heures, le bruit se répand que des pourparlers ont lieu. De nombreux officiers d'ordonnance se croisent sur le chemin du château.

« Bientôt on apprend d'une manière plus certaine que des propositions sont faites, que des concessions sont proposées. On annonce que M. le maréchal Bugeaud, nommé dans la nuit commandant supérieur de la garde nationale de la Seine, a été destitué presque aussitôt que nommé, et qu'il a été remplacé par M. le général de Lamoricière. On parle d'un ministère Thiers et Odilon Barrot.

« Ces nouvelles sont officiellement confirmées. L'ordre arrive sur les boulevards de suspendre les hostilités. Immédiatement la troupe de ligne renverse ses fusils sur les épaules. Toutes les troupes stationnées sur les boulevards défilent au pas devant le peuple, qui les accueille par des *vivats*. La garde nationale ferme la marche. Elle est saluée par des bravos enthousiastes.

« En même temps, un autre cortége descend le boulevard en sens inverse. On distingue M. Odilon Barrot, l'un des chefs du ministère désigné, entouré de MM. Horace Vernet en costume d'officier de la garde nationale, Oscar Lafayette, Quinette, et quelques autres membres de la chambre des députés. Des cris confus se font entendre. La foule se précipite sur les pas du cortége, qui prend la direction de la rue Saint-Denis, pour se diriger vers l'Hôtel-de-Ville. Il s'arrête aux pieds de la grande barricade dont nous avons parlé plus haut. Les personnes qui accompagnent M. Odilon Barrot s'efforcent de lui frayer un chemin. La foule résiste.

« M. Odilon Barrot veut parler; il ne peut proférer que ces paroles : « Mes bons amis, nos efforts communs l'ont emporté. Nous avons reconquis la liberté, et, ce qui vaut mieux, l'honnêteté... » Sa voix est couverte par les cris. « Cela ne nous suffit pas! Nous avons été trompés trop souvent! » répond-on de toutes parts. Un homme s'avance dans une attitude énergique. Il fait entendre que les concessions arrivent trop tard. M. Odilon rebrousse chemin, et le caractère du mouvement est nettement dessiné par les cris qu'il entend sur son chemin.

« A dix heures et demie, la proclamation suivante est répandue et affichée :

« Citoyens de Paris!

« L'ordre est donné de suspendre le feu. Nous venons d'être
« chargés par le roi de composer un ministère. La chambre va
« être dissoute. Un appel est fait au pays. Le général Lamori-
« cière est nommé commandant en chef de la garde nationale
« de Paris.
« MM. Odilon Barrot, Thiers, Lamoricière, Duvergier de
« Hauranne, sont ministres.
« *Liberté! — Ordre! — Réforme!*

« Signé : ODILON BARROT et THIERS. »

« Cette proclamation est immédiatement lacérée, le mouvement se poursuit. On marche sur les Tuileries par le Palais-Royal et la place du Carrousel.

« A midi, des députés arrivent aux Tuileries rendre compte de l'état de la capitale; escortés par le peuple, ils sont introduits sur la place du Carrousel par des aides-de-camp de la garde nationale; cette place est en ce moment occupée par des caissons de vivres et de munitions, par plusieurs escadrons de cuirassiers et par différentes troupes dont l'aspect morne et abattu attriste les regards.

« Au château, tout le monde est dans une véritable affliction. Nombre de généraux occupent les salons, demandant des nouvelles, mais ne proposant aucun moyen de sortir d'embarras ; plusieurs membres des deux chambres sont présents : MM. Thiers, de Lasteyrie, Dupin, Emile de Girardin, arrivent successivement; celui-ci, venu seul à travers Paris, décide le roi à signer son abdication.

« La proclamation suivante est affichée à une heure.

« Citoyens !

« Abdication du roi.
« Régence de Mme la duchesse d'Orléans.
« Dissolution de la chambre.
« Amnistie générale. »

Il était encore trop tard. La population entière se soulevait. Devant les flots du peuple courroucé, les fonctionnaires civils et militaires se retiraient un à un, ou n'apportaient au pouvoir chancelant qu'un stérile concours. Tous les postes et les casernes étaient envahis, saccagés, surtout ceux de la garde municipale ; et, comme nous l'avons dit, les régiments de la garnison et des environs de Paris fraternisaient presque partout avec le peuple. On dit que le 52º de ligne a rendu ses armes sans brûler une seule amorce.

Le peuple, ayant en tête de nombreux détachements de la garde nationale, arriva vers midi au Palais-Royal. Le poste du Château-d'Eau, situé devant le palais, était occupé par la garde municipale L'officier de ce détachement commanda le feu, et alors un combat terrible s'engagea. Le nombre des victimes n'est pas encore officiellement connu. En vain de braves citoyens et des officiers-généraux essayèrent d'amener une conciliation. La défense était aussi vive que l'attaque. Le général Lamoricière, qui arrivait des Tuileries, et qui voulut faire déposer les armes aux gardes municipaux, fut blessé légèrement à la main. De part et d'autre, alors la lutte fut vraiment acharnée; mais l'issue n'en était plus douteuse, la prise des Tuileries étant déjà connue. Le peuple, furieux, se précipita rue Saint-Thomas-du Louvre; et sous le feu des gardes municipaux embrâsa au moyen de bottes de foin ce côté du corps-de-garde. La fusillade cessa; ce vaste édifice fut bientôt environné de flammes, et aux cris de *Vive la République !* répondaient les cris des victimes de cet incendie. Plusieurs gardes municipaux et des soldats du 14e de ligne qui étaient également casernés dans ce fort cherchèrent à s'enfuir, mais furent tous immédiatement tués, ainsi que leur chef de bataillon qu'un homme du peuple traversa d'un coup de baïonnette. Cinquante personnes environ furent littéralement brûlées. Parmi elles se trouvaient quelques jeunes gens faits prisonniers la veille et déposés provisoirement dans ce poste. Cet acte de vengeance populaire terminé, chacun se mit à l'œuvre pour relever les morts et les blessés, que l'on transporta immédiatement dans la galerie d'Orléans. — Les assistants se découvraient avec respect devant chaque civière, quelle que fût la victime regrettée.

Le Palais-Royal fut envahi et les appartements royaux furent entièrement saccagés. Quelques misérables essayèrent même d'y mettre le feu. Sur un autre point, le peuple attaquait avec une énergie toujours croissante les troupes qui voulaient résister, principalement les gardes municipaux et les tirailleurs de Vincennes. La troupe abandonna la place de l'Hôtel-de-Ville qui fut envahie par le peuple. Aux Parisiens s'étaient réunis trois mille Rouennais et Havrais arrivés le matin par le chemin de fer avec un approvisionnement de munitions de guerre.

Il faut le dire, jamais l'exaspération du peuple parisien ne s'était montrée d'une manière plus énergique. Il n'y a pas un quartier de la ville où l'insurrection ne fut presque générale : enfants, femmes, vieillards, ouvriers, gardes nationaux, tout le monde était en armes.

Dès le matin, des barricades s'étaient élevées simultanément dans le quartier des Écoles et dans le faubourg Saint-Germain. A chaque instant des hommes armés descendaient dans la rue. Le poste de l'hôtel des conseils de guerre, rue du Cherche-Midi, fut enlevé après quelque résistance, tandis que le peuple attaquait la prison militaire de l'Abbaye. Ici encore la troupe de ligne ne put résister à la multitude furieuse. L'Abbaye fut envahie, et tous les prisonniers furent mis en liberté. Parmi eux se trouvaient trois soldats condamnés à mort. L'un d'entre eux devait même être fusillé le lendemain matin. Qu'on juge de la joie avec laquelle il accueillit l'arrivée de ses libérateurs! son émotion fut si forte qu'il tomba presque évanoui. Les vainqueurs, encore dans l'ivresse du combat, saccagèrent la prison militaire et brûlèrent tous les registres d'écrou. Dans le même temps, plusieurs gardes nationaux suivis de groupes nombreux, armés de piques et de fusils, se dirigeaient vers le palais du Luxembourg. Il n'y eut pas de résistance; on dit seulement qu'un gardien isolé, qui avait tiré un coup de carabine sur un des assaillants, a été tué sur-le-champ. Tandis qu'une partie de ce groupe prenait possession du palais, un élève de l'École-Polytechnique conduisait l'autre partie à la grille du jardin qui fait face à la rue Férou. Après avoir vainement essayé de forcer la grille, un ouvrier monta par dessus pour chercher les clefs. Tout-à-coup quatre soldats de la ligne renfermés dans le poste de la prison sortent en armes : le caporal tire un coup de fusil qui heureusement n'atteint personne, et il s'enfuit à toutes jambes. Les trois soldats, ainsi abandonnés et voyant des fusils braqués sur eux, livrent leurs armes, et la foule victorieuse se dirige sur les postes et la caserne des vétérans, qui abandonnent leurs munitions, leurs fusils et leurs sabres. La nouvelle de l'abdication du roi était alors répandue dans le quartier par des aides-de-camp et des gardes nationaux à cheval. « *Il est trop tard!* » tel fut le cri presque unanime de la population.

Revenons au quartier du Palais-Royal.

Des régiments de cavalerie et d'infanterie s'étaient réunis à la petite armée qui avait bivouaqué pendant la nuit sur la place du Carrousel. Quelques bataillons de la garde nationale vinrent se ranger en bataille; ils furent accueillis aux cris de *Vive la garde nationale !* poussés par la ligne, et ils répondirent par les cris de *Vive la ligne! vive la réforme!*

Quelque temps après, le maréchal Bugeaud se présenta à la tête d'un nombreux état-major. Il passa devant le front de la garde nationale pour essayer de se faire recevoir comme commandant-général. Les cris de *Vive la réforme!* l'accueillirent sur son passage.

Quelque temps après, Louis-Philippe vint à cheval, accompagné du duc de Nemours et du prince de Montpensier. Il passa également devant le front des régiments et des légions. Des cris divers, parmi lesquels dominaient les cris de *Vive la réforme!* se firent entendre. Il rentra aux Tuileries.

On sut alors que le peuple avait poussé ses barricades jusqu'aux abords des Tuileries, du côté de la rue Richelieu et de la rue de Rivoli; que le ministère Thiers et Odilon Barrot avait été repoussé par le peuple, et que l'attaque des Tuileries devenait imminente.

M. le général Lamoricière, qui venait d'être nommé commandant-général, passa à son tour la revue des régiments et de la garde nationale, puis il sortit du côté de la rue Richelieu pour essayer de calmer l'agitation. Il rentra quelque temps après.

Enfin, vers onze heures, une colonne d'insurgés déboucha pacifiquement, mais armée, de la rue de Rohan; elle entra dans le Carrousel, couvert de troupes, et se mit en rapport avec l'état-major.

M. Thiers sortit à pied des Tuileries, marchant entre les deux princes. Il se dirigea sur l'état-major; n'y ayant plus trouvé la députation du peuple, il retourna au pavillon Marsan.

Vers midi les régiments de ligne et la garde nationale manœuvrèrent pour présenter le front à la rue de Rohan, par où on s'attendait à voir déboucher les colonnes populaires; d'autres régiments entrèrent dans la cour intérieure des Tuileries. Dix minutes après, on vit ces troupes évacuer le Carrousel et se ranger en bataille derrière les grilles de la cour intérieure.

Pendant que ce mouvement s'effectuait, on apprit que Louis-Philippe venait d'abdiquer et qu'il était parti à cheval avec toute la cavalerie. Quelques fourgons qui se trouvaient près du pavillon Marsan l'ont, dit-on, suivi. Tous les régiments, ainsi que la garde nationale, évacuèrent subitement la cour intérieure des Tuileries, et pendant un quart d'heure, tout l'espace compris dans le parallélogramme du Carrousel se trouva entièrement désert.

Enfin on vit les croisées du château s'ouvrir, et des hommes du peuple agiter des drapeaux par les fenêtres et décharger en l'air leurs fusils en signe de réjouissance.

Peu à peu, les masses populaires qui environnaient les Tuileries pénétrèrent dans le Carrousel par toutes les issues et se répandirent dans les appartements du château.

Ce dénouement se passa à une heure, et depuis ce moment l'affluence du peuple ne discontinua pas.

On comprend combien il est difficile de raconter en ce moment tous les incidents de ce grand drame, surtout lorsqu'on quitte à chaque instant la plume pour le fusil de garde national, et que le rappel des tambours de la milice citoyenne vient troubler le silence du cabinet de travail. Nous nous bornerons donc à reproduire, à propos de la prise des Tuileries, des renseignements d'un témoin oculaire, que nous empruntons à un nouveau journal, *l'Assemblée nationale :*

Prise des Tuileries.

« On a donné sur la prise des Tuileries différentes versions; le fait nous a semblé assez important pour que nous ayons cherché à en connaître les détails. Les voici aussi exacts et aussi circonstanciés que possible. La 6e légion, ayant son maire, son lieutenant-colonel, deux chefs de bataillon et plusieurs officiers en tête, marchait sur les Tuileries : elle était arrivé à la rue de l'Echelle, lorsque des coups de feu se firent entendre sur la place du Palais-Royal; c'était le poste du Château-d'Eau qui recommençait le combat. A l'instant la légion se précipite au feu, et avec elle les milliers de combattans qui la suivaient.

« Dans ce moment, le maréchal Gérard parut avec une branche de verdure à la main, engageant les combattans à cesser le feu. Le poste du Château-d'Eau refusa, et le combat continua. Le maréchal revint au coin de la rue St-Honoré; parut alors un officier du château portant un papier: c'était l'abdication de Louis-Philippe; la pièce fut prise des mains de l'officier par un lieutenant de la 5ᵉ légion, le citoyen Aubert-Roche, et remise, pour être conservée, au citoyen Lagrange, de Lyon. Le feu continuait. Il était à craindre que les troupes renfermées aux Tuileries ne vinssent prendre les combattants par le flanc. Une reconnaissance avait été faite.

« Il y avait dans l'intérieur des grilles près de 3,000 hommes d'infanterie, six pièces de canons en batterie, et deux escadrons de dragons, sans compter les gardiens armés et quelques gardes municipaux. Cette force, protégée par la grille et l'artillerie, si elle était attaquée, pouvait, sur cette large place, donner lieu à une sanglante bataille; tout était à craindre. Un silence profond régnait, il n'était interrompu que par la fusillade de la place du Palais-Royal et quelques coups de fusil qui s'adressaient déjà aux troupes renfermées dans le château.

« On venait d'apprendre que les 1ʳᵉ, 2ᵉ, 3ᵉ, 4ᵉ, 5ᵉ, 6ᵉ et 10ᵉ légions cernaient les Tuileries, que les autres étaient en marche. Le combat était imminent. Ce fut alors que le lieutenant Aubert-Roche, s'avançant vers la grille, près de la rue de Rivoli, fit demander le commandant des Tuileries. Celui-ci arriva tout effrayé. — Vous êtes perdus! lui crie le lieutenant; vous êtes cernés, et le combat va s'engager, si vous n'évacuez pas les Tuileries et ne les livrez à la garde nationale.

« Le commandant, comprenant la position, fit ranger les troupes en ligne contre le château, sans les faire sortir. Avant, elles étaient échelonnées. Voyant que le mouvement de retraite ne s'opérait pas, le citoyen Aubert-Roche, accompagné du citoyen Lesueur, chef de bataillon de Gagny-Rincy, qui s'était joint à la 5ᵉ légion, court à la grille de Rivoli. Ces deux officiers frappent, s'annoncent en parlementaires; la grille s'ouvre, et tous deux seuls, le sabre à la main, entrent au milieu de la cour garnie de soldats; le commandant des Tuileries s'avance en disant qu'il a fait retirer les troupes. — Ce n'est pas cela, réplique le lieutenant, il faut évacuer le château, sinon il va arriver malheur.

« Le commandant des Tuileries conduit alors les deux officiers devant le pavillon de l'Horloge, où se trouvaient plusieurs généraux et le duc de Nemours, tous la figure consternée. — Monseigneur, dit le commandant des Tuileries, voici un excellent citoyen qui vous donnera les moyens d'éviter l'effusion du sang. — Que faut-il faire? répond le duc de Nemours d'une voix tremblante et en s'adressant au lieutenant qui lui était présenté. — Monsieur, il faut évacuer à l'instant même le château, le livrer à la garde nationale, sinon vous êtes perdu. Le combat sera sanglant, les Tuileries sont cernées; la 5ᵉ légion, dont je fais partie, se bat en ce moment au Palais-Royal; elle a son maire et ses officiers supérieurs en tête. Prenez garde que le combat cesse avant que ces troupes soient parties, sinon la bataille s'engagerait ici, même malgré nous. — Vous pensez? répondit le duc, je vais faire retirer les troupes. Et, à l'instant, en présence de deux officiers de la garde nationale, il donne l'ordre de retraite.

« L'artillerie file par la grille du Palais-Royal; l'état-major et le duc de Nemours par le pavillon de l'Horloge, faisant descendre les escaliers à leurs chevaux; la cavalerie les suit, puis l'infanterie; on oublia même de relever les postes, qui restèrent. Le citoyen Aubert-Roche se chargea d'introduire la garde nationale dans le château; il alla prévenir les gardes nationaux qui se trouvaient alors près de l'état-major.

« Ceux-ci mirent la crosse de leurs fusils en l'air et entrèrent dans la cour des Tuileries par la grille de la rue de Rivoli, accompagnés des curieux, tous fort étonnés de se trouver les maîtres du château. Un quart d'heure après, le combat cessait sur la place du Palais-Royal : les combattants se précipitèrent pour attaquer les Tuileries, mais ils trouvèrent les grilles ouvertes.

« Ainsi fut prise ou plutôt rendue cette redoutable forteresse. — Un garde national fait une sommation au nom du peuple armé, et la royauté évacue la place. »

Quant à la fuite de Louis-Philippe, le rédacteur en chef du *Courrier des Spectacles*, M. Charles Maurice, l'a racontée avec détail; voici la lettre qui a été reproduite par plusieurs journaux; mais des témoins oculaires prétendent que ce récit est de pure imagination :

« Cette dernière scène d'un règne terminé en quelques heures n'est exactement rendue par aucun journal. La raison en est facile à comprendre : cela s'est passé entre très-peu de personnes, les troupes exceptées, et dans un moment où l'agitation, considérable partout, fermentait principalement sur les deux faces du château des Tuileries et à la place du Palais-Royal. Les probabilités ont pu tenir lieu de renseignements. Nul ne pouvait prévoir ce qui allait se passer au Pont-Tournant, où il ne se trouvait qu'environ cent cinquante citoyens sans armes, mêlés à plusieurs militaires. J'étais présent.

« Vers une heure de l'après-midi, pendant que je causais avec le colonel du 21ᵉ régiment de ligne, qui manifestait hautement de patriotiques dispositions, dont il a fait preuve aussitôt en ordonnant à ses soldats de remettre la baïonnette au fourreau, un jeune homme, vêtu en bourgeois, accourut, au grand trot de son cheval, en criant que Louis-Philippe venait d'abdiquer, et demandant qu'on en répandît la nouvelle. Ce jeune homme était le fils de M. l'amiral Baudin. Peu d'instants après, au Pont-Tournant, nous vîmes déboucher du jardin des Tuileries des gardes nationaux à cheval, allant au pas, comme la tête d'un cortége, et invitant du geste et de la voix les citoyens à s'abstenir de toute manifestation défavorable; on entendit même ces mots partis de leur côté : *Une grande infortune !*

« Alors je vis sortir de la grille des Tuileries, au milieu des cavaliers, et suivis de près par une trentaine de personnes portant différents uniformes, Louis-Philippe à pied, son bras droit passé dans le bras gauche de la reine, sur lequel il s'appuyait assez fortement; et celle-ci, marchant d'un pas ferme, en jetant des regards à la fois assurés et colères sur tout ce qui les entourait. Louis-Philippe était en habit noir, avec un chapeau rond et sans aucun insigne. La reine portait le grand deuil. On disait qu'ils se rendaient à la chambre des députés pour y déposer l'acte d'abdication.

« Malgré l'avis qu'on avait donné, des cris se firent entendre : on distinguait ceux de *vive la réforme! Vive la France!* et deux ou trois voix y mêlèrent ceux de *vive le roi !* Dès qu'on eut dépassé le terrain qui formait autrefois le Pont-Tournant, et à peine parvenus à l'asphalte qui entoure l'obélisque, Louis-Philippe, la reine et le groupe tout entier s'arrêtèrent, sans que rien en indiquât la nécessité. Tout-à-coup ils furent enveloppés, tant des personnes à pied que de celles à cheval, et tellement pressés qu'ils n'avaient plus la liberté de leurs mouvements. Louis-Philippe parut effrayé de cette soudaine approche.

« En effet, la place était fatalement choisie par le hasard, et cette halte prenait une étrange signification : à quelques pas de là, un roi Bourbon, victime innocente et résignée, eût été bien heureux de n'éprouver qu'un traitement semblable! Louis-Philippe se retourna vivement, en quittant le bras de la reine, prit son chapeau, le leva en l'air et prononça une phrase que le bruit qui se faisait empêcha d'entendre. On criait, sans articuler d'opinions, les chevaux caracolaient autour du groupe, le pêle-mêle était général. La reine s'alarma de ne pas sentir le bras qu'elle soutenait, et se retourna avec une extrême vivacité, en parlant de même. Je crus devoir alors lui dire : « *Madame, ne craignez rien; continuez, les rangs vont s'ouvrir devant vous.* » Le trouble où elle était lui fit-il mal interpréter mon intention et mon mouvement? Je l'ignore; mais en repoussant ma main : « *Laissez-moi!* » s'écria-t-elle avec un accent des plus irrités. Puis, elle saisit le bras de Louis-Philippe, et ils retournèrent sur leurs pas à très-peu de distance de là, où stationnaient deux petites voitures noires, basses, et attelées chacune d'un cheval.

« Deux très-jeunes enfants se trouvaient dans la première.

Louis-Philippe prit la gauche; la reine la droite, les enfants se tinrent debout, le visage collé sur la glace et regardant le public avec une attention curieuse. Le cocher fouetta vigoureusement; la voiture s'enleva plutôt qu'elle ne partit; elle passa devant moi, et déjà elle était entourée et suivie de toute la cavalerie présente, gardes nationaux, cuirassiers et dragons, lorsque la seconde voiture, où se placèrent deux dames, que l'on disait des princesses, essaya de rejoindre la première. L'escorte était nombreuse : il m'a semblé qu'on pouvait l'évaluer à deux cents hommes. Elle prit le bord de l'eau et se dirigea au grand galop vers Saint-Cloud. Le cheval de la voiture portant Louis-Philippe et la reine n'a pas dû fournir la route, si l'on ne s'est point ralenti, car plus il donnait au cocher, plus ce dernier le frappait, ce qui présentait ce départ sous l'aspect d'une fuite; aussi le public le caractérisait-il ainsi, en accompagnant la remarque d'énergiques épithètes. »

Pendant que le peuple envahissait pour la troisième fois depuis soixante ans le palais des Tuileries, que se passait-il à la Chambre des députés et à la Chambre des pairs? Comme avant tout nous tenons à donner des renseignements exacts, nous avons cru devoir reproduire le récit du *Moniteur*. En qualité de rédacteurs du journal officiel, les sténographes de M. Panckouke sont bravement restés à leur poste.

Chambre des Pairs

PRÉSIDENCE DE M. LE CHANCELIER.

Séance du jeudi 24 février.

La séance est ouverte à une heure et demie.

M. de la Chauvinière, garde-adjoint des registres, donne lecture du procès-verbal de la séance d'hier.

M. LE MARQUIS DE BOISSY. Je demande la parole sur le procès-verbal.

Messieurs, tant que j'aurai l'honneur d'être pair de France, je protesterai pour la liberté de la tribune; je crois que c'est dans l'intérêt du pays. Je ne veux pas récriminer contre ce qui s'est passé hier, cela ne toucherait que moi, cela m'est égal; mais ce que je veux dire, c'est que le règlement a été violé dans son essence. J'avais déposé une proposition; cette proposition devait être lue. Je ne sais pas si elle l'a été entièrement; il y avait tant de bruit, tant de menaces que je n'ai pu l'entendre; ce que je sais, c'est qu'elle devait être lue et ne se trouve cependant pas en entier au procès-verbal. Voici l'article du règlement qui prescrit la lecture des propositions.

« Art. 59. Lorsqu'un pair croit devoir appeler l'attention de la chambre sur un objet étranger à l'ordre du jour et qui ne rentre point dans les propositions prévues aux art. 50 et 57 précédents, il dépose sur le bureau une demande indiquant le sujet sur lequel il désire obtenir la parole. Cette demande est lue immédiatement par un des secrétaires, et si elle est appuyée par deux membres, le président consulte la chambre, qui décide, s'il y a lieu, le moment auquel le pair sera entendu. »

A-t-elle été lue? Je le pense.

M. LE COMTE DE TASCHER. Je demande la parole.

M. LE MARQUIS DE BOISSY. Est-elle au procès-verbal? Elle n'y est qu'en partie; elle a été scindée. C'est là une violation du droit de la tribune. Il y a une partie de la proposition qui a été supprimée, et qui est essentielle comme la partie qui la précédait.

Je voulais faire cette observation. Je ne sais pas à quoi elle servira; mais au moins on saura que j'ai combattu jusqu'au dernier moment.

M. LE COMTE DE TASCHER. L'article du règlement porte que le sujet sera indiqué; mais ce qui a été lu hier, c'était le développement de la proposition, et selon moi, la chambre a très-bien fait d'en empêcher la complète lecture.

M. LE MARQUIS DE BOISSY. Le règlement porte que la proposition sera déposée sur le bureau; elle n'indique aucune forme, elle dit le sujet. Eh bien, personnellement j'ai eu l'honneur de déposer sur le bureau sept ou huit propositions, conçues dans la même forme : « Considérant, considérant, etc. »

La veille une proposition semblable et dans la même forme

avait été déposée par moi. Or, ce qui était bien la veille devait être bien hier, et ce qui était mal hier devait être mal la veille, comme ce qui était mal hier devait être mal depuis trois ans.

M. BARTHE. Il y a deux manières d'entendre le règlement : une manière franche que tout le monde saisit.....

M. LE MARQUIS DE BOISSY. Je demande la parole.

M. BARTHE. Et une autre manière de le violer, c'est une manière indirecte. Que veut le règlement? Le règlement veut qu'aucune proposition suivie de commentaires ou de développements propres à provoquer une discussion dans la chambre n'ait lieu qu'avec l'approbation de la chambre.

Maintenant quel est le moyen de méconnaître le règlement? C'est de mettre les développements et la provocation à la discussion dans la proposition elle-même, de manière que la chambre pourrait ne pas autoriser, et que cependant dans la proposition le développement lui-même pourrait se trouver, et que dès-lors tout pouvoir de la chambre serait complétement écarté. Il y a donc ceci de vrai et de sincère : lorsque dans votre proposition vous indiquez simplement le but, la chambre dit : Je consens à établir un ordre du jour spécial sur cette proposition, ou je n'y consens pas. Si elle y consent, vous faites vos développements; si elle n'y consent pas, vous devez respecter sa décision et le règlement que vous invoquez.

Eh bien, lorsque, dans la proposition qui est déposée, on s'aperçoit qu'il y a des développements et la discussion elle même, la chambre a le droit de vous dire : Indiquez simplement l'objet et ne violez pas indirectement le règlement en faisant des développements qu'elle n'a pas autorisés. Il me semble qu'il n'y a rien à répondre à cette observation.

Quant à la liberté de la tribune, depuis que M. le marquis de Boissy siége dans cette enceinte, la chambre tout entière et le pays, puisqu'il en a appelé au pays, ont pu lire sa discussion, et personne, je crois, ne peut dire que la liberté de la tribune ait été étouffée en sa personne. La chambre a toujours maintenu la liberté de la tribune dans la personne de M. le marquis de Boissy. (Adhésion.) Oui, nous avons toujours maintenu la liberté de discussion, et quelquefois même des écarts. (Nouvelle approbation.)

M. LE MARQUIS DE BOISSY. Je venais me plaindre et me voici accusé.

M. BARTHE. Puisque vous nous accusez, il faut bien que nous

nous défendions, surtout quand vous choisissez un pareil moment pour dire que la chambre a violé la liberté de la tribune dans votre personne. Cette accusation est la plus grave de toutes, et vous vous plaignez qu'on vous accuse quand c'est vous qui dirigez contre nous une accusation de cette nature. C'est notre droit et notre devoir d'y répondre.

M. LE MARQUIS DE BOISSY. On dit que je n'avais pas la parole ; est-ce là de la légalité ?

Une voix. Vous jouez sur les mots.

M. LE MARQUIS DE BOISSY. Je ne joue pas sur les mots. On a parlé d'interprétation loyale ; j'interprète loyalement, et ceux qui ne le font pas, ce sont ceux qui viennent dire que ce qui s'est fait depuis trois ans est mauvais à partir d'hier.

Je l'ai fait pendant trois ans avec l'approbation de la chambre, elle l'a autorisé pendant trois ans ; c'est seulement hier qu'elle a découvert que c'était mauvais.

Messieurs, quand il y a des précédents depuis trois ans, on n'est pas fondé loyalement à venir dire que la chose est mauvaise. Et pourquoi ? Parce que je demande ce qui se faisait au moment même à la chambre des députés, parce que je voulais qu'à la chambre des pairs on fît ce qui se pratiquait à la chambre des députés ; et c'est la raison qu'on a de m'accuser d'abuser de la liberté de la tribune !

La liberté de la tribune, messieurs, est faite précisément pour que nous traitions librement les affaires publiques, et pour que, dans les circonstances heureusement exceptionnelles, on puisse demander des renseignements, on puisse demander ce qui peut calmer les agitations. C'était là mon but. Ce que je voulais faire, c'était de demander qu'on adoptât une mesure qui eût peut-être été conciliatrice.

Qui est-ce qui m'a empêché de parler? Et d'abord, je le demande, m'en a-t-on empêché ? Certes, oui, l'on m'en a empêché, au vu et au su de tout le monde. Le *Moniteur* est là. Je ne récrimine pas contre les adoucissements qui ont été introduits dans le *Moniteur*, bien que je n'y aie pas consenti : mais je puis récriminer contre ce qui a été fait hier à mon égard : il y a eu violation du règlement, violation établie sur ce qu'on pourrait peut-être appeler l'ambiguïté du règlement, si l'on veut, et par les nombreux précédents. On peut recourir au *Moniteur*, on y verra que je n'ai pas, depuis plusieurs années, employé une autre forme que celle conservée hier.

Messieurs, il faut de la liberté. Réclamons-la, dans l'intérêt du pays; réclamons-la aujourd'hui plus que jamais, car nous aurons à protéger le pays; mais il nous faut pour cela une entière liberté.

Il ne faut pas nous laisser aller en politique jusqu'à des exagérations qui ont dix-huit ou trente-deux ans de date. On a parlé de franchise; quant à moi, on peut compter sur ma franchise; j'ai toujours été franc, je le serai toujours; je n'ai pas varié d'opinions au fond; je ne dis pas qu'elles n'aient jamais subi quelques modifications de forme, rendues nécessaires par les progrès du temps; mais je n'ai jamais varié d'opinions, je n'ai jamais été d'aucune société secrète: je suis monarchique, je veux la monarchie dans ce moment-ci, mais je la veux très-tempérée; en un mot, je la veux possible pour l'époque actuelle, conciliable avec les progrès du temps; je ne veux pas qu'on se jette dans les écarts du passé; je les ai blâmés autrefois; je les blâme aujourd'hui, je les blâmerai dans l'avenir.

Je veux la liberté, la liberté de la tribune; car c'est avec elle que nous pourrons servir le pays dans toutes les circonstances, et particulièrement aujourd'hui.

Oui, si hier, vous m'aviez laissé la liberté de parler, peut-être eussiez-vous fait une chose utile au pays...

M. RENOUARD. Vous ne pouvez pas recommencer ainsi ce que l'on ne vous a pas permis de dire hier.

M. LE MARQUIS DE BOISSY. Pourquoi donc, les circonstances ne sont-elles pas changées? Très-volontiers, si l'on eût voulu, je me fusse tenu à l'écart; mais la chambre des pairs aurait pu donner signe de vie; j'aurais été heureux de me tenir à l'écart; j'aurais consenti très-volontiers à ce qu'on ne parlât pas de moi; si la chambre m'avait permis de dire quelques mots, cela lui aurait fourni l'occasion de faire quelque chose d'utile.

M. LE COMTE DE TASCHER. M. le marquis de Boissy avait fait une demande d'interpellations; elle a été lue, on en a lu le dispositif tout entier en passant les considérants; M. le marquis de Boissy n'a donc rien à demander.

La demande a été lue.

M. LE CHANCELIER. Il n'y a pas de proposition faite; par conséquent, il n'y a rien à mettre à l'ordre du jour, si ce n'est le procès-verbal.

(Le procès-verbal, mis aux voix, est adopté.)

M. LE CHANCELIER. Maintenant, messieurs, je ne sais que par le *Moniteur* que le ministère précédent n'existe plus, et qu'un autre ministère se forme. Je n'ai reçu aucun avis officiel de quoi que ce soit; par conséquent, il n'y a rien dont je puisse entretenir la chambre.

Hier, la chambre a commencé la discussion d'un projet de loi qui intéresse les colonies, et qui avait été présenté par le dernier ministère. M. le duc de Montebello, ministre de la marine, avait annoncé qu'il serait aujourd'hui à la séance pour répondre aux opinions émises hier. Je n'ai donc rien à mettre en délibération, car nous ne pouvons pas délibérer sur ce projet présenté par un ministre qui devait répondre et qui n'est pas présent. (Mouvements divers.)

M. MAURICE DUVAL. Le Gouvernement sait que les chambres sont assemblées; s'il a quelque communication à leur faire, il serait bon que notre séance ne fût pas levée. En effet, comment pourrait-on aller nous chercher sur tous les points de Paris, si une communication devait nous être faite.

Je demande, en conséquence, que la chambre reste en séance dans une espèce de permanence. (Appuyé ! appuyé !)

M LE BARON CHARLES DUPIN. On peut suspendre la séance et la reprendre ensuite.

La séance reste suspendue.

M. LE CHANCELIER. Messieurs les pairs sont invités à reprendre leurs places.

Pendant que la séance était suspendue, on avait répandu le bruit que Mme la duchesse d'Orléans devait venir au Luxembourg avec le prince son fils. L'attente a été longue, mais ils n'ont pas paru.

Nous avions envoyé trois de nos collègues auprès de M. le président de la chambre des députés pour l'informer que la chambre des pairs restait assemblée et attendait les communications qui pourraient lui être faites. Cette mission a été remplie ; mais, d'après le compte détaillé qui nous a été rendu par nos collègues, il est évident que la chambre des députés n'était plus en séance quand ils y sont arrivés. Notre message n'ayant pu par conséquent avoir aucun résultat, j'ai l'honneur de proposer à la chambre de lever la séance. Elle sera informée quand une nouvelle réunion pourra avoir lieu.

Chambre des Députés

PRÉSIDENCE DE M. SAUZET.

Séance du jeudi 24 février.

La chambre était aujourd'hui convoquée pour une heure dans les bureaux; mais les députés se pressent dans la salle des séances et font appeler M. le Président, qui, à midi et demi, vient prendre place au fauteuil.

M. de Bussières, un des secrétaires, donne lecture du procès-verbal, qui est adopté.

M. LAFFITTE. Je demande la parole.

M. LE PRÉSIDENT. Messieurs, attendu la gravité des circonstances qui pèsent sur le pays...

M. DE CAMBACÉRÈS. Monsieur le président, il y a dans la salle des conférences un grand nombre de députés; dans une circonstance aussi grave, il faut les appeler. (Oui! oui!)

M. LE PRÉSIDENT. Huissiers, allez chercher MM. les députés.

(MM. les députés entrent dans la salle dans la plus vive animation.)

M. LE PRÉSIDENT. Attendu la gravité des circonstances qui pèsent sur la capitale du royaume, j'ai été invité de toutes parts à ouvrir la séance publique, et comme la chambre se réunissait précisément pour se rendre dans ses bureaux, et comme d'ailleurs les précédents l'autorisent, j'ai fait une convocation publique immédiate. J'ai cru devoir substituer la séance publique à la réunion des bureaux. (Approbation unanime.)

M. CHARLES LAFFITTE. Messieurs, je n'occuperai pas longtemps la tribune.

Je m'adresse à tous, je les prie de faire taire toutes les passions en ce moment. Je m'adresse à la droite, au centre, à la gauche, c'est surtout des extrémités que j'espère recevoir quelque appui. (Mouvement.)

Je propose à la chambre, vu les circonstances et sans entrer dans des explications inutiles, puisque vous le sentez tous, puisqu'elles sont présentes à tous les esprits, je propose à la chambre de se déclarer en permanence. Je crois que je n'ai pas besoin de donner de développements. (Non! non! Assez! assez!)

Voix nombreuses. Oui! oui! en permanence.

M. DUTIER. Je demande que cette proposition soit ajournée,

et que, pour l'instant, la chambre déclare simplement qu'elle se maintient en séance, sauf à prendre plus tard telle détermination qu'exigeront les circonstances. (Oui! oui!)

M. DE CAMBACÉRÈS. Je demande que la chambre reste en permanence jusqu'à la fin de la crise. (Oui! oui!)

M. LE PRÉSIDENT. Il ne peut pas être question de permanence autre que celle-ci: la chambre a ouvert sa séance, et elle restera ouverte tant qu'il ne sera pas fait motion de la lever. La chambre s'est réunie seulement en séance publique à l'heure où elle devait se réunir dans les bureaux. (Très-bien! très-bien!)

La séance demeure suspendue.

Une vive agitation règne dans l'assemblée, dont tous les membres paraissent gravement préoccupés. Le nom de M. Odilon Barrot, qui, dit-on, a été nommé président du conseil, est prononcé par beaucoup de membres, qui semblent étonnés de son absence. Le bruit se répand de l'abdication du roi en faveur du comte de Paris, sous la régence de Mme la duchesse d'Orléans.

A une heure et demie, on annonce que Mme la duchesse d'Orléans et M. le comte de Paris vont se rendre à la séance.

Au même instant, en effet, Mme la duchesse d'Orléans entre tenant M. le comte de Paris d'une main et M. le duc de Chartres de l'autre. De vives acclamations l'accueillent. Un grand nombre de membres des diverses parties de la chambre font entendre les cris de *vive la duchesse d'Orléans! vive le comte de Paris! vive le Roi! vive la régente!*

Mme la duchesse d'Orléans et ses enfants prennent place sur des siéges que l'on a disposés à la hâte dans l'hémicycle au pied de la tribune. M. le duc de Nemours accompagne Mme la duchesse d'Orléans. Plusieurs officiers et des gardes nationaux en uniforme lui servent d'escorte.

Un certain nombre de personnes étrangères à la chambre entrent aussi dans la salle et se tiennent debout dans les deux couloirs.

Une grande anxiété se peint sur toutes les physionomies.

M. LACROSSE, *au milieu du bruit*. Je demande que la parole soit donnée à M. Dupin, qui vient d'amener M. le comte de Paris dans la chambre.

M. DUPIN. Je ne l'ai pas demandée!

Voix nombreuses. Parlez! parlez!

M. DUPIN. (Ecoutez! écoutez!) Messieurs, vous connaissez la situation de la capitale, les manifestations qui ont eu lieu. Elles ont eu pour résultat l'abdication de S. M. Louis-Philippe, qui a déclaré en même temps qu'il déposait le pouvoir et qu'il le laissait à la libre transmission sur la tête du comte de Paris avec la régence de Mme la duchesse d'Orléans. (Vives acclamations.)

—Cris nombreux : *Vive le Roi! vive le comte de Paris! vive la régente!*

Messieurs, vos acclamations, si précieuses pour le nouveau roi et pour Mme la régente, ne sont pas les premières qui l'aient saluée ; elle a traversé à pied les Tuileries et la place de la Concorde, escortée par le peuple, par la garde nationale (Bravo ! bravo!), exprimant ce vœu, comme il est au fond de son cœur, de n'administrer qu'avec le sentiment profond de l'intérêt public, du vœu national, de la gloire et de la prospérité de la France, (Nouveaux bravos.)

(M. Dupin descend de la tribune.)

Plusieurs membres. M. Barrot ! M. Barrot à la tribune !

D'autres membres. Il est absent !

M. DUPIN, *de sa place.* Il me semble que la chambre, par ses acclamations unanimes, vient d'exprimer un sentiment non équivoque qui doit être constaté.

Voix nombreuses. Oui ! oui !

Voix diverses à gauche et à l'extrême gauche. Non ! non ! Attendons M. Barrot ! Un gouvernement provisoire !

M. DUPIN. Je demande en attendant que l'acte d'abdication, qui nous sera remis probablement par M. Barrot, soit parvenu, que la chambre fasse inscrire au procès-verbal les acclamations qui ont accompagné ici et salué dans cette enceinte le comte de Paris comme roi de France et Mme la duchesse d'Orléans comme régente, sous la garantie du vœu national. (Oui ! oui ! Bravo ! —Non ! —Vive et universelle agitation.)

M. LE PRÉSIDENT. Messieurs, il me semble que la chambre par ses acclamations unanimes.....

(Approbation au centre. — Réclamations à gauche et à droite et de la part des spectateurs qui sont entrés dans les couloirs.)

M. DUPIN. Je constate avant tout les acclamations du peuple et de la garde nationale.....

(M. Marie demande la parole et monte à la tribune.—Le bruit et l'agitation l'empêchent de se faire entendre.)

M. DE LAMARTINE, *de sa place.* Je demande à M. le président de suspendre la séance par le double motif et du respect que nous inspirent, d'un côté, la représentation nationale, et de l'autre, la présence de l'auguste princesse qui est ici devant nous. (Non! non! — Oui!)

M. LE PRÉSIDENT. La chambre va suspendre sa séance jusqu'à ce que Mme la duchesse d'Orléans et le nouveau roi se soient retirés. (Non! non!)

(M. le duc de Nemours et plusieurs députés s'approchent de Mme la duchesse d'Orléans et paraissent l'engager à se retirer. La princesse semble s'y refuser et garde sa place.)

M. LHERBETTE, *s'adressant à M. le président.* Mme la duchesse d'Orléans désire rester ici.

(Le bruit et l'agitation redoublent.)

M. LE PRÉSIDENT. Tout le monde, sans distinction d'opinion, doit comprendre qu'en présence d'une auguste princesse et de son fils le silence et le respect sont le devoir de tous.

(Bruits divers. — M. Marie occupe toujours la tribune. — Mme la duchesse d'Orléans et ses enfants restent debout dans l'hémicycle, entourés d'un grand nombre de députés.)

M. OUDINOT. Je demande à la chambre un instant d'attention. (Écoutez! écoutez!) On fait appel à tous les sentiments généreux.

La princesse, on vous l'a dit, a traversé les Tuileries et la place de la Concorde seule, à pied, avec ses enfants, aux acclamations publiques. Si elle désire se retirer, que les issues lui soient ouvertes, que nos respects l'entourent comme elle était entourée tout-à-l'heure des respects de la ville de Paris. Accompagnons-la où elle veut aller.... (Interruptions.) Si elle demande à rester dans cette enceinte, qu'elle reste, et elle aura raison, car elle sera protégée par notre dévouement. (Très-bien!)

M. LE PRÉSIDENT. — La première mesure à prendre, c'est d'inviter toutes les personnes étrangères à la chambre à sortir de l'enceinte. (Non! non!)

La chambre ne peut pas délibérer; messieurs, par respect pour la chambre et pour la constitution, veuillez vous retirer. (Non! non!)

En ce moment, Mme la duchesse d'Orléans semble céder aux invitations qu'on lui adresse; précédée du duc de Nemours et suivie de ses deux enfants, elle monte les degrés de la salle par le couloir du centre qui conduit à la porte placée au-dessous de l'horloge. Arrivée aux derniers bancs du centre gauche, elle y prend place, toujours entourée du même cortége, au milieu des acclamations de la chambre presque entière. MM. les députés de l'extrême gauche restent impassibles à leurs places. Le nombre des gardes nationaux et des personnes étrangères à la chambre augmente à chaque instant dans les couloirs.

M. LE PRÉSIDENT. — J'invite de nouveau toutes les personnes étrangères à la chambre à se retirer; la chambre va délibérer.

M. MARIE, s'adressant aux gardes nationaux en armes: Messieurs, sortez, pour que la chambre puisse délibérer. (Non! non!)

M. LE PRÉSIDENT. — Souvenez-vous, messieurs, que la représentation nationale est un dépôt sacré confié à la ville de Paris et à la garde nationale; la chambre ne peut pas délibérer en présence d'étrangers. (Non! non!)

(En ce moment, M. Odilon Barrot entre dans la salle. Un grand nombre de députés l'entourent.)

M. D'OSMONT. — Il faut laisser parler M. Odilon Barrot.

M. Marie, à la tribune, se dispose à prendre la parole.

Plusieurs voix. — M. Odilon Barrot! M. Odilon Barrot!

M. CRÉMIEUX. — Laissez parler M. Marie, M. Odilon Barrot viendra.

M. MARIE. — Messieurs, dans la situation où se trouve Paris, vous n'avez pas un moment à perdre pour prendre des mesures qui puissent avoir autorité sur la population. Depuis ce matin le mal a fait d'immenses progrès, et, si vous tardez encore à prendre des mesures par des délibérations inutiles, vous ne savez pas jusqu'à quel point le désordre peut aller; il est donc urgent de prendre un parti. Quel parti prendre? On vient de proclamer la régence de Mme la duchesse d'Orléans; vous avez une loi qui a nommé le duc de Nemours régent; vous ne pouvez pas aujourd'hui faire une régence; c'est certain, il faut que vous obéissiez à la loi. Cependant, il faut aviser; il faut à la tête de la capitale comme à la tête de tout le royaume, d'abord un gouvernement imposant; je demande qu'un gouvernement provisoire soit constitué. (Bravos! bravos! dans les tribunes.) Quand ce gouvernement aura été constitué, il avisera; il pourra aviser, concurremment avec les chambres, et il aura autorité dans ce pays: ce parti pris à l'instant même, le faire connaître dans Paris, c'est le seul moyen d'y rétablir la tranquillité: il ne faut pas en pareil moment perdre son temps en vains discours.

Voici, messieurs, ma proposition: je demande que sur-le-champ un gouvernement provisoire soit organisé.

(M. de Genoude se dirige vers la tribune; plusieurs membres l'engagent à ne pas prendre la parole.)

M. DE GENOUDE.— Je n'ai pas d'autres intérêts que les intérêts du pays.

Plusieurs membres.— Laissez vos intérêts de côté!

M. CRÉMIEUX.— Dans un pareil moment, il est impossible que tout le monde soit d'accord pour proclamer Mme la duchesse d'Orléans pour régente, et M. le comte de Paris pour roi ; la population ne peut pas accepter immédiatement cette proclamation; en 1830 nous nous sommes fort hâtés, et nous voici obligés, en 1848, de recommencer. (Bravo! bravo!) Nous ne voulons pas, messieurs, nous hâter en 1848; nous voulons procéder régulièrement, légalement, fortement.

Le gouvernement provisoire... (Bravo! bravo!) que vous nommerez ne sera pas seulement chargé de maintenir l'ordre, mais de nous apporter ici des institutions qui protégent toutes les parties de la population, ce qui lui avait été promis et ce qu'il n'a pu trouver depuis 1830. (Bravo! bravo!)

Quant à moi, je vous le déclare, j'ai le plus profond respect pour Mme la duchesse d'Orléans... (Bravo! bravo! —Ces bravos, qui partent des bancs du centre, sont étouffés par des cris et par le tumulte des tribunes)... et j'ai conduit tout-à-l'heure (j'ai eu ce triste honneur) la famille royale jusqu'aux voitures qui l'emportent dans son voyage; je n'ai pas manqué à ce devoir, et j'ajouterai que toutes les populations qui étaient répandues sur la route ont parfaitement accueilli le malheureux roi et sa malheureuse famille. (Rumeur tumultueuse.) Mais maintenant, messieurs, la généralité de la population parisienne, la fidèle garde nationale, ont manifesté leur opinion légale; eh bien, la proclamation qui vous est proposée dans ce moment violerait la loi qui est déjà portée.

Nommons un gouvernement provisoire; qu'il soit juste, ferme, vigoureux, ami du pays, auquel il puisse parler, pour lui faire comprendre que s'il a des droits que tous nous saurons lui donner, il a aussi des droits qu'il doit savoir remplir.

Croyez-nous un peu, nous vous en supplions ; nous sommes arrivés aujourd'hui à ce que devait nous donner la révolution de Juillet; nous n'avons pas voulu le changement de quelques hommes; sachons profiter des événements, et ne laissons pas à nos fils le soin de renouveler cette révolution.

Je demande l'institution d'un gouvernement provisoire composé de cinq membres. (Approbation à gauche et dans les tribunes.)

M. DE GÉNOUDE.— Je le demande à tout le monde... (Interruption.) Vous ne pouvez faire ni un gouvernement provisoire ni une régence ; il faut que la nation soit convoquée, si vous avez quelque chose à faire. (Interruption.) Je dis qu'il n'y a rien sans le consentement du peuple. C'est comme en 1830, vous ne l'avez pas appelé, voyez ce qui vous arrive ; ce sera la même chose, et vous verrez les plus grands malheurs surgir de ce que vous ferez aujourd'hui. (Agitation.)

M. ODILON BARROT.— (Écoutez! écoutez!) Jamais nous n'avons eu plus besoin de sang-froid et de prudence! (C'est vrai!) Puissiez-vous être tous unis dans un même sentiment, celui de sauver le pays du plus détestable des fléaux, la guerre civile. (Très-bien! très-bien!) Les nations ne meurent pas, mais elles peuvent s'affaiblir dans des dissensions intestines, et jamais la France n'a eu plus besoin de toute sa grandeur et de toute sa force.

Notre devoir est tout tracé. Il a heureusement cette simplicité qui saisit toute une nation ; il s'adresse à ce qu'elle a de plus généreux et de plus intime, à son courage, à son honneur.

La couronne de Juillet repose sur la tête d'un enfant et d'une femme. (Vives acclamations au centre.)

(Mme la duchesse d'Orléans se lève et salue l'assemblée. Elle invite le comte de Paris à l'imiter, ce qu'il fait.)

M. ODILON BARROT.— Je fais un appel solennel...

M. DE LA ROCHEJAQUELEIN.—Vous ne savez ce que vous faites.

(Mme la duchesse d'Orléans se lève comme pour parler.)

Plusieurs voix.— Écoutez! écoutez! Laisser parler Mme la duchesse.

D'autres membres.—Continuez, monsieur Barrot!

M. ODILON BARROT.—C'est au nom de la liberté politique dans notre pays, c'est au nom des nécessités de l'ordre surtout, au nom de notre union et de notre accord dans des circonstances si difficiles, que je demande à tout mon pays de se rallier autour de ses représentants, de la révolution de Juillet. Plus il y a de grandeur et de générosité à maintenir et à relever ainsi la pureté et l'innocence, et plus mon pays s'y dévouera avec courage. Quant à moi, je serai heureux de consacrer mon existence, tout ce que j'ai de facultés dans ce monde, à faire triompher cette cause qui est celle de la vraie liberté dans mon pays. (Bravos au centre).

M. DE LA ROCHEJAQUELEIN.— Je demande la parole.

M. ODILON BARROT. — Est-ce que par hasard on prétendrait remettre en question ce que nous avons décidé par la révolution de Juillet? (Très-bien! très-bien!)

Messieurs, la circonstance est difficile, j'en conviens; mais il y a dans ce pays de tels éléments de grandeur, de générosité et de bon sens, que je suis convaincu qu'il suffit de leur faire appel pour que la population de Paris se lève autour de cet étendard. (Oui! oui!)

Il y a là tous les moyens d'assurer toute la liberté à laquelle ce pays a le droit de prétendre, de la concilier avec toutes les nécessités de l'ordre qui lui sont si nécessaires, de rallier toutes les forces vives de ce pays et de traverser les grandes épreuves qui lui sont peut-être réservées.

Ce devoir est simple, tracé par l'honneur, par les véritables intérêts du pays; si nous ne savons pas le remplir avec fermeté, persévérance, courage, je ne sais quelles peuvent en être les conséquences; mais soyez convaincus, comme je le disais en commençant, que celui qui a le courage de prendre la responsabilité d'une guerre civile au sein de notre noble France, celui-là est coupable au premier chef, celui-là est criminel envers son pays et envers la liberté de la France et du monde entier.

Quant à moi, messieurs, je ne puis prendre cette responsabilité. La régence de la duchesse d'Orléans, un ministère pris dans les opinions les plus éprouvées, vont donner plus de gage à la liberté; et puisse un appel au pays, à l'opinion publique, dans toute sa liberté, se prononcer alors, et se prononcer sans s'égarer jusqu'à des prétentions rivales de la guerre civile!...

M. LEDRU ROLLIN. — Je demande la parole.

M. BARROT, continuant. — Se prononcer au nom des intérêts du pays et de la vraie liberté : voilà, quant à moi, quel est mon avis, quelle est mon opinion; je ne pourrais pas prendre la responsabilité d'une autre situation.

M. DE LA ROCHEJAQUELEIN. — Nul plus que moi ne respecte et ne sent profondément ce qu'il y a de beau dans certaines situations. Je n'en suis pas à ma première épreuve.

Je répondrai à l'honorable M. Odilon Barrot que je n'ai pas la folle prétention de venir ici élever des prétentions contraires; non; mais je crois que M. Odilon Barrot n'a pas servi, comme il aurait voulu les servir, les intérêts pour lesquels il est monté à cette tribune, en s'avançant autant qu'il l'a fait. (Bruit.)

Messieurs, il appartient peut-être bien à ceux qui, dans le

passé, ont toujours servi les rois, de parler maintenant du pays et de parler du peuple.

Quelques voix. — Bien! très-bien!

M. DE LA ROCHEJAQUELEIN. — Aujourd'hui, vous n'êtes rien ici; vous n'êtes plus rien!...

Au centre. — Comment donc! comment donc!

M. DE MORNAY. — Nous ne pouvons accepter cela.

M. LE PRÉSIDENT. — Monsieur, vous vous écartez de l'ordre; je vous rappelle à l'ordre.

M. DE LA ROCHEJAQUELEIN. — Permettez-moi de parler.

Quand je dis que vous n'êtes rien, en vérité je ne croyais pas soulever des orages. Ce n'est pas moi, député, qui vous dirai que la chambre des députés n'existe plus comme chambre. Je dis qu'elle n'existe plus comme... (Interruptions.) Je dis, messieurs, qu'il faut convoquer la nation, et alors...

(En ce moment, une foule d'hommes armés, gardes nationaux, étudiants, ouvriers, pénètre dans la salle des séances, et arrive jusqu'à l'hémicycle. Plusieurs sont porteurs de drapeaux. Un tumulte général se produit dans l'assemblée. La plupart des membres siégeants aux bancs des centres refluent vers les banquettes supérieures. Les cris: *Nous voulons la déchéance du roi! la déchéance! la déchéance!* sont poussés par ceux qui paraissent marcher à la tête de la foule.)

M. DE MORNAY. — Monsieur le président, suspendez, mais ne levez pas la séance en ce moment.

M. LE PRÉSIDENT, se couvrant. — Il n'y a point de séance en ce moment.

(Un orateur étranger à la chambre, M. CHEVALLIER, ancien rédacteur de la *Bibliothèque historique*, escalade la tribune. — Cris et confusion générale.)

Messieurs, dit cet orateur, croyez à la modération de mes paroles. (Bruit. Vous n'avez pas le droit de parler!) Je viens vous proposer le seul expédient qui puisse vous tirer d'embarras. Si vous voulez sauver la situation, vous n'avez qu'une chose à faire. Ecoutez-moi!... Gardez-vous de proclamer sans droit le comte de Paris; mais que la duchesse d'Orléans et le comte de Paris aient le courage de se rendre sur les boulevards, au milieu du peuple et de la garde nationale, je réponds de leur salut. Si le peuple ne consent pas à lui déférer le pouvoir...

Voix dans la foule. — Vive la république! (Assez! assez!)

M. CHEVALLIER. — La seule chose que vous ayez à faire dans ce moment, c'est de nous donner un gouvernement, c'est de le faire à l'instant même; vous ne pouvez pas laisser toute une population sans magistrats, c'est là le premier besoin que vous ayez à satisfaire... (Le bruit couvre la voix de l'orateur.) Il faut que le comte de Paris soit porté sur le pavois aux chambres.

Un membre de la chambre — Il est venu ici tout-à-l'heure! il est ici! si vous hésitez...

Les regards se portent vers le sommet de l'amphithéâtre où s'étaient assis la duchesse d'Orléans et ses enfants. Au moment de l'invasion de la salle par la multitude, la princesse, les princes et ceux qui les accompagnaient, sortent par la porte qui fait face à la tribune.

M. CHEVALLIER. — Vous êtes sûrs de voir proclamer la république.....

Le trouble et la confusion sont à leur comble.

Un citoyen en costume d'officier, qu'on nous dit être M. Dumoulin, commandant de l'Hôtel-de-Ville en juillet 1830, monte à la tribune et pose sur le marbre la hampe d'un drapeau tricolore.

Messieurs, s'écrie M. DUMOULIN, le peuple a reconquis son indépendance et sa liberté aujourd'hui comme en 1830; vous savez que le trône vient d'être brisé aux Tuileries et jeté par la fenêtre.

(MM. Crémieux, Ledru-Rollin et de Lamartine paraissent en même temps à la tribune.)

Voix dans la foule.— Plus de Bourbons! — A bas les traîtres! — Un gouvernement provisoire immédiatement!

(Clameurs confuses. — Beaucoup de députés se retirent par la porte du fond.)

M. LEDRU-ROLLIN, s'adressant aux hommes de la foule. — Au nom du peuple que vous représentez, je vous demande le silence.

Voix du peuple. — Au nom de M. Ledru-Rollin, silence!

M. LEDRU-ROLLIN. — Messieurs, au nom du peuple, je vous demande un peu de silence!

UN HOMME DU PEUPLE. — Un gouvernement provisoire!

M. MAUGUIN. — Soyez tranquilles! vous aurez un gouvernement provisoire!

M. LEDRU-ROLLIN. — Au nom du peuple partout en armes, maître de Paris, quoi qu'on fasse (oui! oui!), je viens protester contre l'espèce de gouvernement qu'on est venu proposer à cette tribune. (Très-bien! très-bien! — Bravos dans la foule.) Je ne fais pas comme vous une chose nouvelle, car, en 1842, lors de la discussion de la loi de régence, seul dans cette enceinte, j'ai déclaré qu'elle ne pouvait point être faite sans un appel au pays. (C'est vrai ! — Très-bien !)

M. DE LA ROCHEJAQUELEIN, — Et moi donc !

Une voix.— Oui ! La Rochejaquelein aussi !

M. LEDRU-ROLLIN. — On vient tout-à-l'heure de vous parler de la glorieuse révolution de 1789. Prenons bien garde que les hommes qui en parlent ainsi n'en connaissent pas le véritable esprit, et ne veuillent pas surtout en respecter la constitution.

En 1791, dans le texte même de la constitution, on a déclaré que l'assemblée constituante, l'assemblée constituante, comprenez-le bien, avec des pouvoirs spéciaux, n'avait pas le droit de faire une loi de régence, et qu'il fallait un appel au pays pour la faire.

Voix nombreuses. — Oui ! oui ! — C'est évident.

M. LEDRU-ROLLIN. — C'est le texte même de la constitution de 1791.

Or, Messieurs, depuis deux jours nous nous battons pour le droit. Eh bien ! si vous résistez et si vous prétendez qu'un gouvernement par acclamation, un gouvernement éphémère qu'emporte la colère révolutionnaire, si vous prétendez que ce gouvernement existe, nous nous battrons encore au nom de la constitution de 1791 qui plane sur le pays, qui plane sur notre histoire, et qui veut qu'il y ait un appel fait à la nation pour qu'une régence soit possible.

Une voix. — Ce n'est pas possible autrement.

M. LEDRU-ROLLIN. — Ainsi pas de régence possible...

Voix nombreuses. — Nous n'en voulons pas !

M. LEDRU-ROLLIN. — Pas de régence possible, ainsi qu'on vient d'essayer de l'implanter d'une façon que je dirais véritablement singulière et usurpatrice.

Comment, tout-à-coup, sans nous laisser délibérer, vous-même majorité, venir briser la loi que vous avez faite contre nos efforts en 1842 ! Vous ne le voudriez pas. C'est un expédient qui n'a pas de racines dans le pays.

Au nom même du droit que, dans les révolutions même, il faut savoir respecter, car on n'est fort que par le droit, je proteste, au nom du peuple, contre votre nouvelle usurpation. (Bravo ! bravo ! — Vive Ledru-Rollin !)

Vous avez parlé d'ordre, d'effusion de sang. Ah ! l'effusion de sang nous touche, car nous l'avons vue d'aussi près que personne. Eh bien! nous vous déclarons encore ceci : l'effusion de sang ne peut cesser que quand les principes et le droit seront satisfaits; et ceux-là qui viennent de se battre se battront ce soir si l'on méconnait leurs droits. (Oui! oui!)

Au nom de ce peuple qui est tout, je vous demande quelle espèce de garanties votre gouvernement, qu'on intronisait, qu'on essayait d'introniser tout-à-l'heure, quelles garanties il nous donne? (Bravos dans la foule.)

Une personne qui s'est assise sur les bancs du centre, en face de la tribune, se lève et s'écrie : « Je déclare que les paroles qui sont proférées ici... » (Interruption.)

Les députés qui se trouvent placés auprès de cette personne l'invitent à se taire. — Non! non! s'écrie-t-elle, je proteste... — (Bruit général. — L'interlocuteur est entraîné hors de la salle par les efforts mêmes des députés.)

M. BERRYER, s'adressant à M. Ledru-Rollin.—Pressez la question! concluez! un gouvernement provisoire!

M. LEDRU-ROLLIN. — Messieurs, en parlant ainsi au nom du peuple, j'ai la prétention, je le répète, de rester dans le droit, et j'invoque deux souvenirs. (Concluez! concluez!)

En 1815, Napoléon a voulu abdiquer en faveur du roi de Rome. Le pays était debout, le pays s'y est refusé.

En 1830, Charles X a voulu abdiquer pour son petit-fils ; le pays était debout, le pays s'y est refusé.

M. BERRYER.—Concluez! nous connaissons l'histoire.

M. LEDRU-ROLLIN. — Aujourd'hui, le pays est debout, et vous ne pouvez rien faire sans le consulter.

Je demande donc, pour me résumer, un gouvernement provisoire (oui! oui!), non pas nommé par la chambre (non! non!), mais par le peuple. Un gouvernement provisoire, et un appel immédiat à une convention qui régularise les droits du peuple. (Bravo! bravo!)

M. de Lamartine, qui est resté à la tribune, s'avance pour prendre la parole.

Plusieurs voix. — Lamartine! Lamartine! (Les applaudissements éclatent —Écoutez! écoutez!)

M. DE LAMARTINE.—Messieurs, je partage aussi profondément que qui que ce soit parmi vous le double sentiment qui a agité tout-à-l'heure cette enceinte, en voyant un des spectacles les plus touchants que puissent présenter les annales humaines, celui d'une princesse auguste se défendant avec son fils innocent, et venant se jeter du milieu d'un palais désert au milieu de la représentation du peuple. (Très-bien! très-bien!—Écoutez! écoutez!—On n'a pas entendu! répétez!)

Je demande à répéter ma phrase et je vous prie d'attendre celle qui va la suivre. Je disais, messieurs, que j'avais partagé aussi profondément que qui que soit dans cette enceinte le double sentiment qui l'avait agitée tout-à-l'heure. Et ici je ne fais aucune distinction, car le moment n'en veut pas, entre la représentation nationale et la représentation des citoyens de tout le peuple, et de plus c'est le moment de l'égalité, et cette égalité ne servira, j'en suis sûr, qu'à faire reconnaître la hiérarchie de la mission que des hommes spéciaux ont reçue de leur pays, pour donner non pas l'abaissement, mais le premier signal du rétablissement de la concorde et de la paix publique. (Bravo! bravo!)

Mais, Messieurs, si je partage cette émotion, qu'inspire ce spectacle attendrissant des plus grandes catastrophes humaines, si je partage le respect qui vous anime tous à quelque opinion que vous apparteniez dans cette enceinte, je n'ai pas partagé moins vivement le respect pour ce peuple glorieux qui combat depuis trois jours pour renverser un gouvernement perfide, et pour rétablir sur une base désormais inébranlable l'empire de l'ordre et l'empire de la liberté. (Applaudissements.)

Mais, Messieurs, je ne me fais pas l'illusion qu'on se faisait tout-à-l'heure à cette tribune; je ne me figure pas qu'une acclamation spontanée arrachée à une émotion et à un sentiment public puisse constituer un droit solide et inébranlable et un gouvernement de 35 millions d'hommes.

Je sais que ce qu'une acclamation proclame, une autre acclamation peut l'emporter, et, quel que soit le gouvernement qu'il plaise à la sagesse et aux intérêts de ce pays de se donner, dans la crise où nous sommes, il importe au peuple, à toutes les classes de la population, à ceux qui ont versé quelques gouttes de leur sang dans cette lutte, de cimenter un gouvernement populaire, solide, inébranlable enfin. (Applaudissements.)

Eh bien! Messieurs, comment le faire? Comment le trouver parmi ces éléments flottants, dans cette tempête où nous sommes tous emportés, et où une vague vient surmonter à l'instant même la vague qui vous a emportés jusque dans cette enceinte? Comment trouver cette base inébranlable? en descendant dans le fond même du pays, en allant extraire, pour ainsi dire, ce grand mystère du droit national, d'où sort tout ordre, toute vérité, toute liberté. C'est pour cela que, loin d'avoir recours à ces subterfuges, à ces surprises, à ces émotions, dont un pays, vous le voyez, se repent tôt ou tard (oui! oui!) lorsque ces fictions viennent à s'évanouir, en ne laissant rien de solide, de permanent, de véritablement populaire et d'inébranlable sous les pas du pays; c'est pour cela que je viens appuyer de toutes mes forces la double demande que j'aurais faite le premier à cette tribune, si on m'y avait laissé monter au commencement de la séance; la demande, d'abord d'un gouvernement, je le reconnais, de nécessité, d'ordre public, de circonstance, d'un gouvernement qui étanche le sang qui coule, d'un gouvernement qui arrête la guerre civile entre les citoyens... (Acclamations.)

(L'un des hommes de la foule, qui est debout dans l'hémicycle, remet son sabre dans le fourreau, en disant : « Bravo! bravo! »)

M. DE LAMARTINE. — D'un gouvernement qui suspende ce malentendu terrible qui existe depuis quelques années entre les différentes classes de citoyens, et qui, en nous empêchant de nous reconnaître pour un seul peuple, nous empêche de nous aimer et de nous embrasser. (Très-bien! très-bien!)

Je demande donc que l'on constitue à l'instant, du droit de la paix publique, du droit du sang qui coule, du droit du peuple qui peut être affamé du glorieux travail qu'il accomplit depuis trois jours, je demande que l'on constitue un gouvernement provisoire (bravo! bravo!)... un gouvernement qui ne préjuge rien, ni de nos ressentiments, ni de nos sympathies, ni de nos colères, sur le gouvernement définitif qu'il plaira au pays de se donner quand il aura été consulté. (C'est cela! c'est cela!) Je demande donc un gouvernement provisoire. (Oui! oui!)

De toutes parts. — Les noms des membres du gouvernement provisoire!

Plusieurs personnes présentent une liste à M. de Lamartine.

M. DE LAMARTINE. — Attendez! Ce gouvernement provisoire aura pour mission, selon moi, pour première et grande mission, d'établir la trêve indispensable et la paix publique entre les citoyens; 2° de préparer à l'instant les mesures nécessaires pour convoquer le pays tout entier, et pour le consulter, pour consulter la garde nationale tout entière (oui! oui!) le pays tout entier, tout ce qui porte dans son titre d'homme les droits du citoyen (Applaudissements prolongés.)

Un dernier mot.

Les pouvoirs qui se sont succédé depuis cinquante ans...

(A ce moment, on entend retentir au-dehors des coups violents aux portes de l'une des tribunes publiques. Les portes cèdent bientôt sous des coups de crosses de fusil. Des hommes du peuple, mêlés de gardes nationaux, y pénètrent en criant : « A bas la chambre! pas de députés! » Un de ces hommes a poussé le canon de son fusil dans la direction du bureau. Les cris : « Ne tirez pas! ne tirez pas! c'est M de Lamartine qui parle! » retentissent avec force. Sur les instances de ses camarades, l'homme relève son fusil.)

M. le président, qui est resté au fauteuil, réclame le silence en agitant violemment sa sonnette.

(Le bruit et le tumulte acquièrent la plus grande intensité.)

M. LE PRÉSIDENT. — Puisque je ne puis obtenir le silence, je déclare la séance levée.

(M. Sauzet quitte le fauteuil après avoir prononcé ces paroles.)

Ici l'assemblée de la chambre des députés cesse; mais le peuple armé de fusils, de sabres, mêlé aux gardes nationaux et un certain nombre de députés de la gauche restent dans la salle.

Après quelques instants de tumulte, M. Dupont (de l'Eure) monte au fauteuil. Il est entouré d'un grand nombre de personnes étrangères à la chambre.

M. de Lamartine est toujours à la tribune.

Voix nombreuses.—Les noms! les noms des membres du gouvernement provisoire!

M. de Lamartine s'efforce de dominer le bruit que ses exhortations ne parviennent pas à calmer.

Quelques voix.— Dupont (de l'Eure)! Dupont (de l'Eure)!

D'autres voix.— Il est au fauteuil, silence! écoutez-le! (Oui! oui!)

M. DE LAMARTINE, au milieu du bruit. — Je vais lire les noms.

Voix nombreuses.—Silence! silence!

M. DE LAMARTINE.—Messieurs, je vais lire les noms. (Le bruit continue.)

MM. Arago, Carnot... (Le tumulte va toujours en croissant.)

M. s...—Messieurs, M. Dupont (de l'Eure) nous préside...

Voix nombreuses.—Le gouvernement provisoire!

M. s...— M. Dupont (de l'Eure) va nommer le gouvernement provisoire. (De longs bravos éclatent sur tous les bancs.)

M. CHEVALLIER. — Si vous voulez faire quelque chose, laissez donc parler!

M. MARION, député, à M. de Lamartine. — Ne quittez pas la tribune!

Une voix. — Écoutez donc la proclamation des noms!

Un homme armé d'un fusil. — Nous ne demandons qu'un moment de silence; nous voulons seulement entendre les noms des personnes qui composeront le gouvernement.

Une autre personne. — Du silence dépend le salut de tous. Je le réclame pour qu'on puisse entendre M. Dupont (de l'Eure).

Une voix. — M. Dupont (de l'Eure) avant tout!

Une autre voix. — Vive la République!

(Beaucoup de personnes pressent et entourent M. de Lamartine et l'engagent à attendre le rétablissement du silence pour parler.)

Au nom du peuple, s'écrie l'une d'elles, du silence! Laissons parler M. de Lamartine.

M. DE LAMARTINE. — Un moment de silence, Messieurs. (Le silence se rétablit un instant.)

Messieurs, la proposition qui a été faite, que je suis venu soutenir et que vous avez consacrée par vos acclamations à cette tribune, elle est accomplie. Un gouvernement provisoire va être proclamé nominativement. (Bravo! bravo! — Vive Lamartine!)

Maintenant, Messieurs...

Voix nombreuses. — Nommez-les! nommez-les!

M. DE LAMARTINE. — On va les nommer.

(M. de Lamartine, après avoir attendu quelques instants que le calme se rétablisse, se retire sur le derrière de la tribune).

(M. Dumoulin monte à la tribune et cherche à se faire entendre, mais le bruit continuel empêche de saisir ses paroles.)

M. DUMOUTIER, debout sur le bureau des secrétaires de la chambre. — Messieurs, on vous demande un peu de silence pour proclamer les noms du gouvernement provisoire; si vous ne faites silence, vous n'entendrez rien et nous n'aboutirons à rien. (Oui! silence!)

M. DUPONT (de l'Eure). — On vous propose de former le gouvernement provisoire. (Oui! oui! — Silence!)

LES STÉNOGRAPHES. — Silence! On répétera les noms!

M. DUPONT (de l'Eure). — Voici les noms! (Silence!)

Voix nombreuses. — Nommez! nommez!

M. DUPONT (de l'Eure). Arago, Lamartine, Dupont (de l'Eure), Crémieux.... (Bruit et agitation.)

M. DE LAMARTINE. — Silence, Messieurs! Si vous voulez que les membres du gouvernement provisoire acceptent la mission que vous leur avez confiée, il faut au moins que la proclamation en soit faite. Notre honorable ami ne peut se faire entendre au milieu de ce bruit.

Une voix. — Il faut qu'on sache que le peuple ne veut pas de royauté. La république!

Plusieurs voix. — Délibérons immédiatement.

Une voix. — Assis, assis, allons nous asseoir. Prenons la place des vendus.

Une autre voix. — Plus de Bourbons, un gouvernement provisoire, et ensuite la république!

M. DE LAROCHEJAQUELEIN. — Ils ne l'auront pas volé; c'est un prêté rendu.

Une voix. — Un moment de silence, sinon nous n'aboutirons à rien.

Une autre voix. — Nous demandons qu'on proclame la république

M. DUPONT (de l'Eure) lit successivement les noms suivants qui sont répétés à haute voix par plusieurs sténographes :

M. Lamartine. (Oui! oui!)

M. Ledru-Rollin. (Oui! oui!)

M. Arago. (Oui! oui!)

M. Dupont (de l'Eure). (Oui! oui!)

Une voix. — M. Bureaux de Puzy.

M. Bureaux de Puzy fait un geste de refus.

M. DUPONT (de l'Eure). — M. Marie. (Oui! oui! non!)

Quelques voix. — Georges Lafayette. (Oui! non! non!)

Voix nombreuses. — La république! la république!

Une voix. — Il faut que les membres du gouvernement provisoire crient : Vive la République! avant d'être nommés et acceptés.

Une autre voix. — Je demande la destitution de tous les députés absents.

Une voix dans le peuple. — Il faut conduire le gouvernement provisoire à l'Hôtel-de-Ville. Nous voulons un gouvernement sage, modéré; pas de sang, mais nous voulons la république!

M. BOCAGE. — A l'Hôtel-de-Ville, Lamartine en tête!

M. de Lamartine sort de la chambre, accompagné d'un grand nombre de citoyens!

Après son départ, le tumulte continue dans la portion de la foule qui reste disséminée sur les bancs de la chambre, dans l'hémicycle et dans les couloirs.

M. LEDRU-ROLLIN.—Citoyens! vous comprenez que vous faites ici un acte grave en nommant un gouvernement provisoire.

Voix diverses.—Nous n'en voulons pas!—Si! si! il en faut un!

M. LEDRU-ROLLIN.— Dans des circonstances comme celles où nous sommes, ce que tous les citoyens doivent faire, c'est d'accorder silence et de prêter attention aux hommes qui veulent se constituer ses représentants. En conséquence, écoutez-moi :

Nous allons faire quelque chose de grave. Il y a eu des réclamations tout-à-l'heure. Un gouvernement provisoire ne peut pas se nommer d'une façon légère. Voulez-vous me permettre de vous dire les noms qui semblent proclamés par la majorité. (Silence! — Écoutez! écoutez!)

A mesure que je lirai les noms, suivant qu'ils vous conviendront ou qu'ils ne vous conviendront pas, vous crierez *oui* ou *non* (très-bien! Écoutez!); et, pour faire quelque chose d'officiel, je prie MM. les sténographes du *Moniteur* de prendre note des noms à mesure que je les prononcerai, parce que nous ne pouvons pas présenter à la France des noms qui n'auraient pas été approuvés par vous. (Parlez! parlez!)

Je lis:

Dupont (de l'Eure). (Oui! oui!)

Arago. (Oui! oui!)

Lamartine. (Oui! oui!)

Ledru-Rollin. (Oui! oui!)

Garnier-Pagès. (Oui! oui! — Non!)

Marie. (Oui! oui! — Non!)

Crémieux. (Oui! oui!)

Une voix dans la foule.—Crémieux! mais pas Garnier-Pagès. Si! si!— Non!) Il est mort, le bon!

D'autres voix.—Taisez-vous! — A l'ordre!

M. LEDRU-ROLLIN. — Que ceux qui ne veulent pas lèvent la main. (Non! non! — Si! si!)

Je demande à ajouter un mot. Permettez, Messieurs.

Le gouvernement provisoire, qui vient d'être nommé, a de grands, d'immenses devoirs à remplir. On va être obligé de lever la séance pour se rendre au sein du gouvernement et prendre toutes les mesures nécessaires pour que l'effusion du sang cesse, afin que les droits du peuple soient consacrés.

Cris nombreux. — Oui! oui! à l'Hôtel-de-Ville!

Un élève de l'École polytechnique. — Vous voyez qu'aucun des membres de votre gouvernement provisoire ne veut la république! Nous serons trompés comme en 1830.

Plusieurs voix. — Vive la république!

Autres voix. — Vive la république et M. Ledru-Rollin! — A l'Hôtel-de-Ville! à l'Hôtel-de-Ville!

Un jeune homme. — Ce n'est pas à l'Hôtel-de-Ville qu'est le centre du gouvernement, c'est ici!

M. Ledru-Rollin se retire suivi de plusieurs citoyens.

La foule qui avait envahi la salle commence à diminuer.

Un jeune homme, qui paraît être un étudiant, s'efforce, sans pouvoir y parvenir, de se faire entendre à la tribune.

Un citoyen monte sur le marbre de la tribune en brandissant une arme, et crie: *Vive la République! partons pour l'Hôtel-de-Ville!*

Un jeune homme à la tribune. — Plus de liste civile!

Un autre. — Plus de royauté!

Quelqu'un appelle tout à coup l'attention sur le grand tableau placé au-dessus du bureau et derrière le fauteuil de la présidence, qui représente la prestation de serment de Louis-Philippe à la charte, et les cris: *Il faut le déchirer! il faut le détruire!* se font immédiatement entendre.

Des hommes qui sont montés sur le bureau se disposent à donner des coups de sabre et d'épée dans le tableau.

Un ouvrier, armé d'un fusil double, qui se trouve dans l'hémicycle, s'écrie: *Attendez! je vais tirer sur Louis-Philippe!* Au même instant deux coups de feu éclatent. (Cris divers.)

Un autre ouvrier s'élance immédiatement à la tribune, et prononce ces mots:

« Respect aux monuments! respect aux propriétés! Pourquoi détruire? pourquoi tirer des coups de fusil sur ces tableaux? Nous avons montré qu'il ne faut pas mal mener le peuple; montrons maintenant que le peuple sait respecter les monuments et honorer sa victoire! »

Ces paroles, prononcées avec énergie et une véritable éloquence, sont couvertes d'applaudissements.

On s'empresse autour du brave ouvrier, et on lui demande son nom. Il déclare se nommer Théodore Six, ouvrier tapissier.

Tout le monde se retire.
La salle est bientôt complétement évacuée.
Il est quatre heures passées.

En sortant de la chambre des députés, la duchesse d'Orléans s'était réfugiée à l'Hôtel-des-Invalides. Elle était accompagnée du général Gourgaud, et avait avec elle son fils aîné, le comte de Paris. Le duc de Chartres était resté sous la protection d'un député. La duchesse désirait séjourner à l'Hôtel-des-Invalides, elle avait exprimé ce désir au maréchal-gouverneur ; mais ce dernier lui fit observer qu'il n'y avait plus pour elle de sécurité en France, qu'une réaction terrible était plus que probable, et il lui conseilla de partir immédiatement pour l'Angleterre.

La duchesse d'Orléans comprit alors que tout était perdu ; elle remercia le maréchal Oudinot, et sortit de l'Hôtel-des Invalides à six heures du soir. Les ducs de Nemours et de Montpensier, revêtus de l'uniforme de la garde nationale, montèrent avec elle en voiture. En trois heures la future régente n'était plus qu'une fugitive, allant se mettre sous la protection d'un peuple étranger.

Depuis trois heures, c'est-à-dire depuis la prise des Tuileries, on n'a pas eu à déplorer un seul désordre ; il n'est pas à notre connaissance qu'il soit survenu le moindre accident fâcheux, soit pour les personnes, soit pour les propriétés. De toutes parts, on organisait des patrouilles, on improvisait des corps-de-garde. Le peuple occupait tout, les rues, les places, les palais. Des meubles ont été brisés ou brûlés au Palais-Royal et aux Tuileries ; mais il est à remarquer que la colère publique s'est tournée à peu près exclusivement contre les objets qui avaient une sorte de signification politique, fauteuils du trône, écussons, voitures armoriées, etc. Le peuple gardait lui-même sa victoire, et il a veillé à ce qu'elle ne fût déshonorée par aucune violence, par aucun excès. Plusieurs ambulances étaient établies sur les lieux mêmes du combat, et les nombreux blessés des deux partis y recevaient en même temps les soins les plus empressés.

Le peuple, mêlé à la garde nationale, précédée de tambours, a porté en triomphe, dans toutes les rues et sur les boulevards, le fauteuil du trône. Ce cortége bizarre et solennel à-la-fois est allé saluer de vives acclamations la colonne de Juillet, place de la Bastille. Des coups de fusil ont été tirés sur tous les bustes de Louis-Philippe.

Dans le premier moment de l'invasion des Tuileries, on a brûlé des meubles, des draperies; mais, un service de surveillance ayant été organisé par quelques personnes, les objets d'art, les tableaux, les œuvres des maîtres ont été religieusement respectés. La foule obéissait spontanément à la consigne donnée par un élève de l'École-Polytechnique et quelques jeunes gens.

On a brûlé sur la place du Palais-Royal quatorze voitures de la cour.

Nous renonçons à reproduire l'aspect que présentait la capitale lorsque le bruit de la prise des Tuileries s'est répandu dans les quartiers les plus reculés. La place du Palais-Royal et celle du Carrousel offraient du haut des Tuileries un spectacle étonnant. C'était le panorama le plus bizarre qu'ait jamais pu rêver l'imagination la plus fantasque. Des hommes en blouse, avec l'équipement de la troupe, déchargeaient leurs fusils au milieu de la foule des curieux qui entrait dans le palais. De l'animation, mais pas de trouble. Tandis qu'on s'emparait du dépôt d'armes au poste de l'état-major de la garde nationale, place du Carrousel, des gamins montaient la garde auprès de tonneaux dont ils distribuaient paisiblement le vin à la foule. L'auteur de ce livre, qui a parcouru le palais des Tuileries dans toutes ses dépendances, déclare que, jusqu'à trois heures et demie, heure à laquelle il a quitté le château, l'ordre le plus grand régnait au milieu de cette foule toujours croissante. Des gardes nationaux et des ouvriers s'étaient placés en sentinelles dans chaque chambre. De temps en temps on entendait le cri : *Mort aux voleurs*. C'était une sommation faite par le peuple aux pillards qui s'étaient mis dans les rangs des combattants. Nous sommes restés assez longtemps dans la chambre de récréation des enfants de la famille royale. Le peuple regardait avec admiration les joujoux dont cette chambre était remplie; mais pas un gamin ne songeait à emporter ces charmantes bagatelles. On eût dit que les enfants du peuple se promenaient dans les salons de Giroux à l'approche des étrennes. Les bons mots se prodiguaient à chaque instant, au milieu de cette multitude curieuse et presque stupéfaite de sa victoire. Nous aurions plus d'une anecdote piquante à raconter ici ; on en trouvera à la fin de ce volume un assez grand nombre. Qu'on nous permette seulement de citer deux mots excellents qui caractérisent l'esprit de la population parisienne. Les habitants du château s'étaient enfuis si promptement qu'ils n'avaient pas même eu le temps de déjeuner. Les tables étaient servies. Quelques hommes du peuple s'attablèrent et l'un d'eux s'écria : « *Il* n'a pas voulu permettre le banquet de la Réforme. Eh bien ! nous venons le faire chez lui. » — Un gamin, entrant l'un des premiers sous le vestibule du château, se retourna vers le peuple, et employant l'une des formules adoptées dans les discours de la couronne, s'écria en mettant la main sur son cœur : « Messieurs, c'est toujours avec le plus grand plaisir que je me vois entouré de mon peuple. » Puis, à la porte de la salle des maréchaux : « C'est aujourd'hui jour de grande réception ; la main aux dames, s'il vous plaît. Mais on peut fumer sa pipe. »

Les vainqueurs, conduits par des officiers de la garde nationale et par des élèves de l'école polytechnique, se divisaient par pelotons et se dirigeaient sur tous les points de la capitale à travers les flots des curieux, Les quais qui conduisent à l'Hôtel-de-Ville étaient encombrés. C'est là que vers quatre heures, au milieu d'un tumulte impossible à décrire, la république fut proclamée.

Ici notre tâche est terminée. Nous n'avons plus qu'à faire connaître à nos lecteurs les premiers actes du gouvernement provisoire. A quelque opinion qu'on appartienne, il faut reconnaître que jamais gouvernement ne s'est inauguré sous de meilleurs auspices. *L'ordre et la liberté*, tels furent les mots de ralliement répétés par toutes les bouches ; telle doit être la devise des membres du nouveau gouvernement auquel est imposée la sainte et haute mission de la réorganisation de notre système politique.

Sur les neuf heures du soir, on lut à l'Hôtel-de-Ville et on fit afficher les proclamations suivantes :

AU NOM DU PEUPLE SOUVERAIN.

Citoyens,

Un gouvernement provisoire vient d'être installé ; il est composé, de par la volonté du peuple, des citoyens

FR. ARAGO, LOUIS BLANC, MARIE, LAMARTINE, FLOCON, LEDRU-ROLLIN, RECURT, MARRAST, ALBERT, ouvrier mécanicien.

Pour veiller à l'exécution des mesures qui seront prises par ce gouvernement, la volonté du peuple a aussi choisi pour délégués au département de la police les citoyens Caussidière et Sobrier.

La même volonté souveraine du peuple a désigné le citoyen Étienne Arago à la direction générale des postes.

Comme première exécution des ordres donnés par le gouvernement provisoire, il est ordonné à tous les boulangers et fournisseurs de vivres de tenir leurs magasins ouverts à tous ceux qui en auraient besoin.

Il est expressément recommandé au peuple de ne point quitter ses armes, ses positions ni son attitude révolutionnaire. Il a été trop souvent trompé par la trahison; il importe de ne plus laisser de possibilité à d'aussi terribles et d'aussi criminels attentats.

Pour satisfaire au vœu général du peuple souverain, le gouvernement provisoire a décidé et effectué, avec l'aide de la garde nationale, la mise en liberté de nos confrères détenus politiques; mais en même temps il a conservé dans les prisons, toujours avec l'assistance on ne peut plus honorable de la garde nationale, les détenus constitués en prison pour crimes ou délits contre les personnes et les propriétés.

Les familles des citoyens morts ou blessés pour la défense des droits du peuple souverain sont invitées à faire parvenir, aussitôt que possible, aux délégués au département de la police, les noms des victimes de leur dévouement à la chose publique, afin qu'il soit pourvu aux besoins les plus pressants.

Fait à Paris, en l'hôtel de la Préfecture de Police, le 24 février 1848.

Les délégués au département de la police,
Caussidière et Sobrier.

Après cet acte solennel qui proclamait l'établissement de la république, on afficha les proclamations et les arrêtés dont la teneur suit; des citoyens allaient les lire à chaque poste et au coin de chaque rue :

Paris, le 24 février.

Aux citoyens de Paris !!!

Une grande révolution vient de s'accomplir. En deux jours l'opinion publique s'est prononcée avec une énergie et une unanimité qui n'a pas de précédent dans notre histoire, nous ne craignons pas de le dire.

Quatre-vingt mille hommes de gardes nationaux sont sous les drapeaux; plus de cent mille citoyens ont pris les armes!!!

Vous pourvoyez aux besoins de la liberté; il faut songer aux besoins de l'ordre!

Organisez-vous, formez des patrouilles, mêlez-vous à la garde nationale, reliez entre eux les divers points de la capitale. En attendant que les pouvoirs publics soient reconstitués sur leurs bases naturelles, que les hommes qui se chargeront de prendre la direction des affaires aient commencé à accomplir leurs devoirs envers vous, c'est vous qui gardez Paris; Paris a confiance dans votre patriotisme et dans votre dévouement.

Surtout pas de divisions.

On afficha en même temps le placard suivant :

VOEUX DU PEUPLE.
RÉFORMES POUR TOUS.

Amnistie générale; — les ministres exceptés, et mis en accusation.

Droit de réunion consacré par une manifestation prochaine. Dissolution immédiate de la chambre et convocation des assemblées primaires.

Garde urbaine aux ordres de la municipalité. Abolition des lois de septembre. Liberté de la parole, liberté de la presse, liberté de pétition, liberté d'association, liberté d'élection.

Réforme électorale. Tout garde national est électeur et éligible. — Réforme parlementaire. Rétribution aux députés : les fonctionnaires publics à leur poste. — Réforme de la chambre des pairs. Pas plus de nomination royale que d'hérédité aristocratique. — Réforme administrative. Garanties pour tous les fonctionnaires et employés contre l'abus des faveurs et des influences. — La propriété respectée, mais le droit au travail garanti. Le travail assuré au peuple.

Union et association fraternelle entre les chefs d'industrie et les travailleurs..... — Égalité de droits par l'éducation donnée à tous. Crèches, salles d'asile, écoles rurales, écoles urbaines. Plus d'oppression et d'exploitation de l'enfance. — Liberté absolue des cultes. Indépendance absolue des consciences. — Protection pour tous les faibles, femmes et enfants.—Paix et Sainte-Alliance entre tous les peuples.— Abolition de la guerre, où le peuple sert de chair à canon. — Indépendance pour toutes les nationalités. —La France gardienne des peuples faibles.—L'ORDRE FONDÉ SUR LA LIBERTÉ.

FRATERNITÉ UNIVERSELLE !!

Les rédacteurs de la *Démocratie pacifique.*

Il est un homme en France qui accepte ces principes, qui les a déjà proclamés : M. DE LAMARTINE.

AU NOM DU PEUPLE FRANÇAIS.

Proclamation du gouvernement provisoire au peuple français.

Un gouvernement rétrograde et oligarchique vient d'être renversé par l'héroïsme du peuple de Paris. Ce gouvernement s'est enfui en laissant derrière lui une trace de sang qui lui défend de revenir jamais sur ses pas.

Le sang du peuple a coulé comme en juillet ; mais cette fois ce généreux sang ne sera pas trompé. Il a conquis un gouvernement national et populaire en rapport avec les droits, les progrès et la volonté de ce grand et généreux peuple.

Un gouvernement provisoire, sorti d'acclamation et d'urgence par la voix du peuple et des députés des départements, dans la séance du 24 février, est investi momentanément du soin d'assurer et d'organiser la victoire nationale. Il est composé de :

MM. Dupont (de l'Eure), Lamartine, Crémieux, Arago (de l'Institut), Ledru-Rollin, Garnier-Pagès, Marie.

Ce gouvernement a pour secrétaires :

MM. Armand Marrast, Louis Blanc, Ferdinand Flocon et Albert.

Ces citoyens n'ont pas hésité un instant à accepter la mission patriotique qui leur était imposée par l'urgence. Quand la capitale de la France est en feu, le mandat du Gouvernement provisoire est dans le salut public. La France entière le comprendra et lui prêtera le concours de son patriotisme. Sous le gouvernement populaire que proclame le Gouvernement provisoire, tout citoyen est magistrat.

Français, donnez au monde l'exemple que Paris a donné à la France; préparez-vous par l'ordre et la confiance en vous-mêmes aux institutions fortes que vous allez être appelés à vous donner.

Le Gouvernement provisoire veut la *république*, sauf ratification par le peuple, qui sera immédiatement consulté ;

L'unité de la nation, formée désormais de toutes les classes de citoyens qui la composent; le gouvernement de la nation par elle-même ;

La liberté, l'égalité et la fraternité pour principes, le peuple pour devise et mot d'ordre : voilà le gouvernement démocratique que la France se doit à elle-même, et que nos efforts sauront lui assurer.

Dupont (de l'Eure), Lamartine, Crémieux, Ledru-Rollin, Garnier-Pagès, Marie, Arago,
Membres du Gouvernement provisoire.

Armant Marrast, Louis Blanc,
Secrétaires.

AU NOM DU PEUPLE FRANÇAIS.

A la Garde Nationale.

Citoyens !

Votre attitude dans ces dernières et grandes journées a été telle qu'on devait l'attendre d'hommes exercés depuis longtemps aux luttes de la liberté.

Grâce à votre fraternelle union avec le peuple, avec les écoles, la révolution est accomplie!!...

La patrie vous en sera reconnaissante.

Aujourd'hui tous les citoyens font partie de la garde nationale; tous doivent concourir activement avec le Gouvernement provisoire au triomphe régulier des libertés publiques.

Le Gouvernement provisoire compte sur votre zèle, sur votre

dévouement à seconder ses efforts dans la mission difficile que le peuple lui a conférée.

Les Membres du Gouvernement provisoire :

DUPONT (DE L'EURE), F. ARAGO, MARIE, LAMARTINE, CRÉMIEUX, LEDRU-ROLLIN, GARNIER-PAGÈS.

LOUIS BLANC, ARM. MARRAST, FLOCON, ALBERT,
Secrétaires.

AU NOM DU PEUPLE FRANÇAIS.

Le Gouvernement provisoire arrête :

M. Dupont (de l'Eure) est nommé président provisoire du conseil, sans portefeuille ;

M. de Lamartine, ministre provisoire aux affaires étrangères;

M. Crémieux, ministre provisoire à la justice ;

M. Ledru-Rollin, ministre provisoire à l'intérieur;

M. Michel Goudchaux, ministre provisoire aux finances ;

M. François Arago, ministre provisoire à la marine ;

M. le général Bedeau, ministre provisoire à la guerre[1] ;

M. Carnot, ministre provisoire à l'instruction publique (Les cultes formeront une division de ce ministère) ;

M. Bethmont, ministre provisoire au commerce ;

M. Marie, ministre provisoire aux travaux publics ;

M. le général Cavaignac, gouverneur-général de l'Algérie.

La garde municipale est dissoute.

M. Garnier-Pagès est nommé maire de Paris.

MM. Guinard et Recurt sont nommés adjoints au maire de Paris.

M. Flotard est nommé secrétaire-général.

Tous les autres maires de Paris, ainsi que les maires-adjoints, sont provisoirement maintenus comme maires et adjoints d'arrondissements.

La préfecture de police est sous la dépendance du maire de Paris.

---

[1] Le général Bedeau n'ayant pas accepté le ministère de la guerre, le général Subervie a été nommé à sa place.

Le général Bedeau est nommé commandant de la 1re division militaire.

Le maintien de la sûreté de la ville de Paris est confié au patriotisme de la garde nationale, sous le commandement général donné à M. le colonel de Courtais.

A la garde nationale se réuniront les troupes qui appartiennent à la première division militaire.

Ad. Crémieux, Lamartine, Marie, Garnier-Pagès, Dupont (de l'Eure), Ledru-Rollin, Arago,
Membres du Gouvernement provisoire.

AU NOM DU PEUPLE FRANÇAIS.

Le gouvernement provisoire arrête :

La chambre des députés est dissoute.

Il est interdit à la chambre des pairs de se réunir.

Une assemblée nationale sera convoquée aussitôt que le Gouvernement provisoire aura réglé les mesures d'ordre et de police nécessaires pour le vote de tous les citoyens.

Paris, le 24 février 1848.

Lamartine, Ledru-Rollin.
Louis Blanc, *Secrétaire.*

AU NOM DU PEUPLE FRANÇAIS.

Le Gouvernement provisoire arrête :

Il est interdit aux membres de l'ex-chambre des pairs de se réunir.

Paris, 24 février 1848.

Dupont (de l'Eure), Lamartine, Ledru-Rollin, Ad. Crémieux, Marie, Arago.

Tout ce qui concerne la direction des beaux-arts et des musées, autrefois dans les attributions de la liste civile, constituera une division du ministère de l'intérieur.

Le jury chargé de recevoir les tableaux aux expositions annuelles sera nommé par élection.

Les artistes seront convoqués à cet effet par un prochain arrêté.

Le salon de 1848 sera ouvert le 15 mars.

Ledru-Rollin.

Le colonel Dumoulin, ancien aide-de-camp de l'empereur, est chargé du commandement supérieur du Louvre et de la surveillance particulière de la bibliothèque du Louvre et du Musée national. M. Félix Bouvier lui est adjoint.

Le 24 février 1848.

Par délégation du Gouvernement provisoire :

Le Ministre provisoire de l'instruction publique,

CARNOT.

LAMARTINE, AD. CRÉMIEUX.

Le Gouvernement provisoire nomme M. Saint-Amant, capitaine de la première légion, commandant du palais des Tuileries.

Fait à l'Hôtel-de-Ville, le 24 février 1848.

Les Membres du Gouvernement provisoire,

AD. CRÉMIEUX, GARNIER-PAGÈS, LEDRU-ROLLIN, DUPONT (DE L'EURE.)

Paris, quoique toujours dans l'agitation, était fort calme. A la garde nationale se réunissaient tous les citoyens armés; les barricades étaient gardées par des forces imposantes. On répandait le bruit que le maréchal Bugeaud allait marcher sur Paris; mais la nuit se passa sans alarmes. Entre onze heures et minuit, les troupes casernées à l'École militaire firent leur soumission au peuple.

Journée du vendredi 25 février.

Proclamations. — Actes officiels. — Arrêtés. — Décrets. — Circulaires, etc.

La république est proclamée; Paris est calme; des nouvelles rassurantes arrivent de tous les points de la France. Tous les bons citoyens espèrent qu'après une commotion aussi terrible et aussi imprévue la tranquillité va renaître et la prospérité nationale prendre un nouvel essor. Notre rôle d'historien est donc terminé. Que pourrions-nous d'ailleurs raconter à nos lecteurs, aujourd'hui que des milliers de journaux répandent dans toute la république les nouvelles de la capitale et les actes du nouveau gouvernement? Nous croyons cependant devoir publier tous les actes officiels des différentes administrations, les arrêtés, proclamations, etc. depuis le 25 février jusqu'au 1er mars. Nos lecteurs seront sans doute satisfaits d'avoir réunis en un seul volume les documents importants qui sont disséminés ou reproduits incomplétement dans les journaux de Paris et des départements.

RÉPUBLIQUE FRANÇAISE.
Aux citoyens de Paris.

Citoyens de Paris, l'émotion qui agite Paris compromettrait, non la victoire, mais la prospérité du peuple. Elle retarderait le bénéfice des conquêtes qu'il a faites dans ces deux immortelles journées.

Cette émotion se calmera dans peu de temps, car elle n'a plus de cause réelle dans les faits. Le gouvernement renversé le 22 de ce mois s'est enfui. L'armée revient d'heure en heure à son devoir envers le peuple et à sa gloire : le dévouement à la nation seule. La circulation, suspendue par les barricades, se rétablit prudemment, mais rapidement ; les subsistances sont assurées, les boulangers que nous avons entendus sont pourvus de farines pour trente-cinq jours. Les généraux nous apportent les adhésions les plus spontanées et les plus complètes. Une seule chose retarde encore le sentiment de la sécurité publique : c'est l'agitation du peuple qui manque d'ouvrage, et la défiance mal fondée qui fait fermer les boutiques et arrête les transactions.

Demain l'agitation inquiète d'une partie souffrante de la population se calmera sous l'impression des travaux qui vont reprendre et des enrôlements soldés que le Gouvernement provisoire a décrétés aujourd'hui.

Ce ne sont plus des semaines que nous demandons à la capitale et au peuple pour avoir réorganisé un pouvoir populaire et retrouvé le calme qui produit le travail. Encore deux jours, et la paix publique sera complétement rétablie ! encore deux jours, et la liberté sera inébranlablement assise ! encore deux jours, et le peuple aura son Gouvernement.

Paris, 25 février.

Les Membres du Gouvernement provisoire de la République,

DUPONT (DE L'EURE), ARAGO, LAMARTINE, LEDRU-ROLLIN, MARIE, GARNIER-PAGÈS, LOUIS BLANC, A. MARRAST, FERDINAND FLOCON, ALBERT, ouvrier.

PROCLAMATION A L'ARMÉE.

Généraux, officiers et soldats,

Le pouvoir, par ses attentats contre les libertés, le peuple de Paris par sa victoire, ont amené la chute du Gouvernement auquel vous aviez prêté serment. Une fatale collision a ensanglanté la capitale. Le sang de la guerre civile est celui qui répugne le plus à la France. Le peuple oublie tout en serrant les mains de ses frères qui portent l'épée de la France.

Un Gouvernement provisoire a été créé; il est sorti de l'impérieuse nécessité de préserver la capitale, de rétablir l'ordre, et de préparer à la France des institutions populaires analogues à celles sous lesquelles la République Française a tant grandi la France et son armée.

Vous saluerez, nous n'en doutons pas, ce drapeau de la Patrie remis dans les mains du même Pouvoir qui l'avait arboré le premier. Vous sentirez que les nouvelles et fortes institutions populaires qui vont émaner de l'Assemblée nationale ouvrent à l'armée une carrière de dévouement et de services que la Nation libre appréciera et récompensera mieux que les rois.

Il faut rétablir l'unité de l'Armée et du Peuple, un moment altérée.

Jurez amour au Peuple, où sont vos pères et vos frères! Jurez fidélité à ses nouvelles institutions, et tout sera oublié, excepté votre courage et votre discipline! La liberté ne vous demandera pas d'autres services que ceux dont vous aurez à vous réjouir devant elle et à vous glorifier devant ses ennemis!

Les Membres du Gouvernement provisoire,
GARNIER-PAGÈS, LAMARTINE.

LE GOUVERNEMENT PROVISOIRE

ARRÊTE :

Vingt-quatre bataillons de Garde nationale mobile seront immédiatement recrutés dans la ville de Paris.

L'enrôlement commence dès aujourd'hui, à midi, dans les douze Mairies d'arrondissement où se trouvera son domicile.

Ces gardes nationaux recevront une solde de *un franc cinquante centimes* par jour, et seront habillés et armés aux frais de la Patrie.

Le Ministre de la Guerre est chargé de se concerter avec le Commandant général des Gardes nationales de la Seine pour l'organisation, la prompte instruction et l'armement des susdits bataillons.

Hôtel de Ville, 25 février.

LAMARTINE,
GARNIER-PAGÈS *Maire de Paris,*

AU NOM DU GOUVERNEMENT PROVISOIRE
DE LA RÉPUBLIQUE FRANÇAISE.

A M. le Maire du deuxième arrondissement et à M. le Colonel de la deuxième légion.

Messieurs,

Le gouvernement provisoire a reçu votre lettre, en date de ce jour. Il est heureux de constater publiquement l'adhésion spontanée que vous lui avez apportée sans hésitation ; le gouvernement provisoire vous adresse ses patriotiques remercîments, et ne doute pas de la persévérance de votre loyal et ferme concours.

AU NOM DU GOUVERNEMENT PROVISOIRE
DE LA RÉPUBLIQUE FRANÇAISE.

Le Gouvernement provisoire met tous les détenus politiques en liberté.

RÉPUBLIQUE FRANÇAISE.

Le Gouvernement provisoire de la République française :

Informé que quelques militaires ont déserté et remis leurs armes, donne les ordres les plus sévères, dans les départements, pour que les militaires qui abandonnent ainsi leurs corps soient arrêtés et punis selon la rigueur des lois.

Jamais le pays n'eut plus besoin de son armée pour assurer au dehors son indépendance et au dedans sa liberté. Le Gouvernement provisoire, avant de faire appel aux lois, fait appel au patriotisme de l'armée.

Pour le Gouvernement provisoire de la République française,

RÉPUBLIQUE FRANÇAISE.

Le Gouvernement provisoire de la République française décrète :

Les objets engagés au Mont-de-Piété depuis le 1er février, et consistant en linge, vêtements, hardes, etc...., dont le prêt ne dépassera pas dix francs, seront rendus aux déposants.

Le ministre des finances est chargé de pourvoir à la dépense qu'occasionnera l'exécution du présent décret.

RÉPUBLIQUE FRANÇAISE.

Au nom du Gouvernement provisoire de la République Française,

Nous soussignés déclarons que :

Le fort de Vincennes et tous les autres qui environnent Paris, et les casernes, ont reconnu le Gouvernement provisoire.

La plus grande sécurité règne désormais pour le triomphe de la liberté.

L'approvisionnement de la capitale en vivres et en subsistances de toute nature est assuré.

Les Membres du Gouvernement provisoire de la République Française,

LAMARTINE,
LOUIS-BLANC, *secrétaire*.
GARNIER-PAGÈS, *Maire de Paris.*

RÉPUBLIQUE FRANÇAISE.

Le Gouvernement provisoire de la République française décrète :

Les Tuileries serviront désormais d'asile aux invalides du travail.

RÉPUBLIQUE FRANÇAISE.

Le Gouvernement provisoire décrète :

Les fonctionnaires de l'ordre civil militaire, judiciaire et administratif sont déliés de leur serment.

Hôtel de ville de Paris, le 25 février 1848.

Les Membres du Gouvernement provisoire de la République française.

RÉPUBLIQUE FRANÇAISE.

Le Gouvernement provisoire décrète :

Les gardes nationales, dissoutes par le précédent gouvernement, sont réorganisées de droit. Elles reprendront immédiatement leur service dans toute l'étendue de la République.

Les Membres du Gouvernement provisoire de la République française.

RÉPUBLIQUE FRANÇAISE.

Les élèves de l'École-Polytechnique et les citoyens de Bassano et de Solms sont chargés de veiller à l'exécution pleine et entière des arrêtés pris par le Gouvernement provisoire de la République pour les subsistances de toute nature.

Ils tiendront la main à ce que, notamment, les boulangers soient suffisamment approvisionnés. Tous pouvoirs leurs sont donnés à cet egard, et, à cet effet, ils se rendront aux halles et entrepôts, et s'assureront de la mise en état complète des approvisionnements; ils sont autorisés à requérir la force armée pour en assurer les délivrances.

Ils devront aussi, et les citoyens gardiens des barricades devront les aider dans cette grande mission, faire en sorte que la circulation soit assez libre pour permettre les arrivages.

Aujourd'hui que Vincennes et les forts sont pris, il n'y a plus nécessité aussi grande de se garder contre une invasion nouvelle.

RÉPUBLIQUE FRANÇAISE.

Paris, le 25 février 1848.

Le Gouvernement provisoire de la République française s'engage à garantir l'existence de l'ouvrier par le travail;

Il s'engage à garantir du travail à tous les citoyens;

Il reconnaît que les ouvriers doivent s'associer entre eux pour jouir du bénéfice légitime de leur travail.

Le Gouvernement provisoire rend aux ouvriers, auquel il appartient, le million qui va échoir de la liste civile.

RÉPUBLIQUE FRANÇAISE.

Le Gouvernement provisoire décrète :

Les enfants des citoyens morts en combattant sont adoptés par la patrie.

La République se charge de tous les secours à donner aux blessés et aux familles des victimes du gouvernement monarchique.

Les Membres du gouvernement provisoire de la République,
DUPONT (DE L'EURE), LAMARTINE, GARNIER-PAGÈS, ARAGO, MARIE, LEDRU-ROLLIN, CRÉMIEUX, LOUIS BLANC, MARRAST, FLOCON, ALBERT.

RÉPUBLIQUE FRANÇAISE.

Le Gouvernement provisoire de la République arrête :

Les boulangers de Paris sont requis de mettre à la disposition des chefs de postes de la garde nationale, jusqu'à concurrence d'un cinquième de leur fabrication, et en échange des bons de paiement qui leur seront remboursés à l'Hôtel-de-Ville, le pain destiné à la nourriture des citoyens armés.

La distribution sera faite par lesdits chefs, qui feront accompagner le pain par les hommes sous leurs ordres.

Hôtel-de-Ville, 25 février 1848.

RÉPUBLIQUE FRANÇAISE.

Le Gouvernement provisoire
    Arrête :

La garde municipale est licenciée. Le ministre de la guerre est chargé de l'exécution de cette mesure.

25 février 1848.

RÉPUBLIQUE FRANÇAISE.

Paris, le 25 février 1848.

Aux agents et comptables de tout grade de l'administration des finances.

Monsieur, le Gouvernement provisoire vient de me confier la direction de l'administration des finances. En acceptant cette position, je crois faire acte de dévouement et de bon citoyen ; c'est aussi, je n'en doute pas, ce que la France doit attendre des agents et des comptables du ministère des finances. En dehors des luttes et des passions, vous y avez été mêlés moins que tous autres ; que cette position reste la vôtre ; faites preuve de la même droiture et de la même exactitude à remplir vos fonctions, et tous vous pouvez compter sur mon concours et mon appui.

Je compte aussi sur vous et sur votre dévouement à la France.

Recevez, monsieur, l'assurance de mon attachement et de ma considération distinguée.

Le ministre des finances,
M. GOUDCHAUX.

Circulaire adressée par M. le ministre provisoire de l'instruction publique à MM. les recteurs des académies.

Paris, 25 février 1848.

Monsieur le recteur,

Le grand événement politique qui vient de s'accomplir ne doit être une cause d'interruption dans aucun service. Il importe que toutes les études suivent leur cours ordinaire.

Les conséquences de la révolution qui donne à la France les institutions républicaines se développeront graduellement en tout ce qui concerne l'instruction publique et les intérêts du corps universitaire.

Une de ces conséquences les plus immédiates, et que vous n'aurez pas manqué de pressentir, est de faire cesser désormais toutes les craintes qui avaient inquiété l'Université pendant ces dernières années.

La réunion, sous une direction unique, des deux administrations de l'instruction publique et des cultes, est une garantie de la juste conciliation qui s'établira entre ces deux ordres d'intérêts également respectables.

L'Université comprendra aisément qu'elle ne peut que s'affermir et grandir sous l'influence de la République, qui compte nécessairement au nombre de ses principes les plus essentiels l'extension et la propagation active des bienfaits de l'instruction dans toutes les classes de la société.

Je compte sur votre concours et votre zèle éclairé.

Recevez, monsieur le recteur, l'assurance de ma considération très-distinguée.

Le ministre provisoire de l'instruction publique,

Carnot.

Paris, 25 février 1848.

Monsieur le recteur, les élèves des établissements de l'Université doivent désirer de s'associer à l'éclatante manifestation de joie et d'espérance qui, en ce moment, accueille dans toute la France la proclamation de la République. Par la nature même de leurs études, tous sont préparés à comprendre la grandeur du progrès que la patrie vient d'accomplir en relevant le drapeau républicain. Vous voudrez bien donner deux jours de congé dans tous les colléges, les écoles normales et les écoles primaires, aussitôt que vous aurez reçu cette lettre.

Recevez, monsieur le recteur, l'assurance de ma considération très-distinguée.

Le ministre provisoire de l'instruction publique,
CARNOT.

RÉPUBLIQUE FRANÇAISE.

Paris, le 25 février 1848.

Le Gouvernement de la République Française s'engage à garantir l'existence de l'Ouvrier par le travail.

Il s'engage à garantir du travail à tous les citoyens.

Il reconnaît que les ouvriers doivent s'associer entre eux pour jouir du bénéfice légitime de leur travail.

Le gouvernement provisoire rend aux Ouvriers, auxquels il appartient, le million qui va échoir de la liste civile.

GARNIER-PAGÈS, *Maire de Paris,*

LOUIS-BLANC, *l'un des secrétaires du Gouvernement provisoire.*

AU NOM DU PEUPLE FRANÇAIS

LE GOUVERNEMENT PROVISOIRE

Arrête :

MM. les chefs de poste de la garde nationale prendront les mesures nécessaires pour se procurer des vivres, tels que viande, charcuterie, fromages et vins, qu'ils feront distribuer aux citoyens selon leurs besoins.

Ils donneront en échange de ces vivres des bons dont le prix sera remboursé à l'Hôtel-de-Ville.

Hôtel-de-Ville, 25 février 1848.

PAR DÉLÉGATION :

Les Membres du gouvernement provisoire,

Signé GARNIER-PAGÈS, AD. CRÉMIEUX, LEDRU-ROLLIN, MARIE,

LOUIS BLANC, *Secrétaire.*

Proclamation du citoyen Cabet, ancien député, rédacteur en chef du journal *Le Populaire*, aux Communistes Icariens.

AUX COMMUNISTES ICARIENS.

Travailleurs nos frères,

Nous avons toujours dit que nous étions, avant tout, Français, patriotes, démocrates, aussi intrépides qu'humains et modérés : vous venez de le prouver. L'horrible trahison qui a fait couler le sang des citoyens, mercredi soir 23 février, devant l'hôtel du ministère des affaires étrangères, a dû vous faire prendre les armes pour la commune défense ; et, dans l'immortelle journée du 24, vous avez partagé l'héroïque dévouement de la brave et généreuse population de Paris.

Aujourd'hui, c'est l'union seule, l'ordre et la discipline qui peuvent assurer au peuple le fruit de sa victoire, en garantissant ses droits et ses intérêts.

Rallions-nous donc autour du Gouvernement provisoire présidé par Dupont (de l'Eure), remplaçant l'odieux gouvernement qui vient de se rougir du sang des citoyens.

Appuyons ce gouvernement provisoire qui se déclare républicain et démocratique ; qui proclame la souveraineté nationale et l'unité de la nation ; qui adopte la fraternité, l'égalité et la liberté pour principes, et le peuple pour devise et mot d'ordre ; et qui dissout les chambres pour convoquer l'assemblée nationale qui donnera à la France la constitution qu'elle demande.

Mais sachons nous-mêmes réclamer constamment toutes les conséquences de ces principes.

Demandons que tous les Français soient déclarés frères, égaux en devoirs et en droits sans aucune espèce de priviléges, tous membres de la garde nationale, tous électeurs, et éligibles à toutes les fonctions publiques, sans aucune vile condition d'argent.

Demandons le droit naturel et imprescriptible d'*association*, de *réunion* et de *discussion ;* la liberté individuelle sans arbitraire d'aucun homme, la liberté de la presse sans entraves, sans cautionnement ni timbre.

Demandons surtout la garantie de tous les droits et de tous les intérêts des travailleurs ; la reconnaissance formelle du droit de vivre en travaillant, afin que le père de famille ne soit plus réduit à l'affreuse nécessité d'abandonner sa femme et ses enfants pour aller mourir en combattant.

Demandons l'organisation du travail et l'assurance du bien-être par le travail.

Demandons la suppression de tous les impôts sur les objets de première nécessité.

Demandons l'abolition des humiliantes, vexatoires et iniques institutions de la douane et de l'octroi.

Demandons pour le peuple l'instruction générale, gratuite, commune, réelle et complète.

Demandons des institutions et des garanties pour le bonheur des femmes et des enfants, pour que chacun ait la possibilité de se marier avec la certitude de pouvoir élever sa famille et la rendre heureuse.

Fidèles à nos principes de fraternité, d'humanité et de modération, de justice et de raison, crions toujours et partout : Point de vengeance, point de désordre, point de violences, point d'oppression pour personne! mais fermeté, clairvoyance et prudence, afin d'obtenir justice pour tous!

Point d'atteinte à la propriété! mais inébranlable persévérance à demander tous les moyens que peut accepter la justice pour supprimer la MISÈRE; notamment en adoptant un système démocratique d'inégalité successivement décroissante et d'égalité successivement croisssante.

Gardons-nous de demander l'application immédiate de nos doctrines communistes. Nous avons toujours dit que nous ne voulions triompher que par la discussion, par la conviction, par la puissance de l'opinion publique, par le consentement individuel et par la volonté nationale. Restons fidèles à nos paroles.

Mais beaucoup d'entre nous ont conquis de leur sang le droit d'association, de réunion et de discussion politique; ayons donc aussi l'inébranlable constance de réclamer ces droits; et l'expérience, jointe à la discussion, suffira pour persuader et pour convaincre que notre système d'organisation sociale et politique est le seul remède à la misère, le seul qui puisse assurer le bonheur de l'humanité.

Encore un mot : le gouvernement provisoire annonce l'armement de tous les citoyens et l'organisation générale de la garde nationale, tout en assurant l'existence du peuple; ne déposez donc pas les armes; ne quittez pas vos glorieuses et immortelles barricades! Laissez, au contraire, toutes vos affaires pour vous organiser et vous enrégimenter! Achevez, complétez et régularisez votre armement; demandez que les bastilles soient désarmées, que tous les canons, toutes les armes et toutes les munitions soient livrés au peuple, et que le peuple parisien soit tout entier sous les armes, organisé, discipliné sous les chefs de son choix : c'est alors qu'on aura réellement la garantie de l'ordre comme de la liberté, et de la liberté comme de l'ordre; de même que, quand toute la garde nationale de France sera armée et organisée démocratiquement, c'est alors qu'on aura la garantie réelle de la paix universelle, de l'indépendance des nations et de la fraternité des peuples.

Paris, le 25 février 1848. CABET.

Journée du 26 février.

Allocution de M. de Lamartine. — Suite des Proclamations. — Décrets et arrêtés du Gouvernement provisoire. — Audiences des Cours de cassation et d'appel. — Ordre du jour de la Garde nationale. — Lettre de l'archevêque de Paris. — Adhésions.

Allocution de M. de Lamartine.

Le Gouvernement provisoire s'est présenté aujourd'hui au peuple et à la garde nationale sur le perron de l'Hôtel-de-ville : M. de Lamartine, s'avançant vers la balustrade, un papier à la main, s'est exprimé ainsi :

« Citoyens! le gouvernement provisoire de la République vient prendre le peuple à témoin de sa reconnaissance pour ce magnifique concours national qui vient accepter ces nouvelles institutions. (Acclamations prolongées de la foule et de la garde nationale.)

« Le gouvernement provisoire de la République n'a que d'heureuses nouvelles à annoncer au peuple assemblé.

« La royauté est abolie.

« La République est proclamée.

« Le peuple exercera ses droits politiques.

« Des ateliers de travail nationaux sont ouverts pour les ouvriers sans salaire. (Immense acclamation.)

« L'armée se réorganise. La garde nationale s'unit indissolublement avec le peuple pour fonder promptement l'ordre, de la même main qui vient de conquérir la liberté. (Acclamations nouvelles.)

« Enfin, Messieurs, le gouvernement provisoire a voulu vous apporter lui-même le dernier des décrets qu'il vient de délibérer et de signer dans cette mémorable séance, l'abolition de la peine de mort en matière politique. (Bravos unanimes.)

« C'est le plus beau décret, Messieurs, qui soit jamais sorti de la bouche d'un peuple le lendemain de sa victoire. (Oui! oui!)

« C'est le caractère de la nation française qui échappe en un cri spontané de l'âme de son gouvernement. (Oui! oui! bravo!) Nous vous l'apportons; je vais vous le lire. Il n'y a pas de plus digne hommage au peuple que le spectacle de sa propre magnanimité. »

À la suite de cette manifestation, le Gouvernement provisoire, accompagné par l'acclamation unanime du peuple innombrable qui couvrait la place de l'Hôtel-de-Ville, a été appelé à recevoir de nouveau la consécration de la voix populaire. Il a cédé à cet empressement, accompagné d'une foule de citoyens, de gardes nationaux et des élèves des écoles. M Dupont (de l'Eure), président du Gouvernement provisoire, s'appuyant sur le bras de M. Louis Blanc, suivi de ses collègues, s'est présenté au balcon de la salle dite autrefois du trône, et que M. Pagnerre, par une exclamation soudaine, a appelée désormais la salle de la République. Les acclamations du peuple se sont renouvelées et étendues de la place aux rues et quais environnants.

RÉPUBLIQUE FRANÇAISE.
Liberté, Egalité, Fraternité.

Au nom du peuple français.

Citoyens,

La royauté, sous quelque forme que ce soit, est abolie.

Plus de légitimisme, plus de bonapartisme, pas de régence.

Le gouvernement provisoire a pris toutes les mesures nécessaires pour rendre impossible le retour de l'ancienne dynastie et l'avénement d'une dynastie nouvelle.

La République est proclamée.

Le peuple est uni.

Tous les forts qui environnent la capitale sont à nous.

La brave garnison de Vincennes est une garnison de frères.

Conservons avec respect ce vieux drapeau républicain dont les trois couleurs ont fait avec nos pères le tour du monde.

Montrons que ce symbole d'égalité, de liberté, de fraternité, est en même temps le symbole de l'ordre, et de l'ordre le plus réel, le plus durable, puisque la justice en est la base et le peuple entier l'instrument.

Le peuple a déjà compris que l'approvisionnement de Paris

exigeait une plus libre circulation dans les rues de Paris, et les mains qui ont élevé les barricades ont, dans plusieurs endroits, fait dans ces barricades une ouverture assez large pour le libre passage des voitures de transport.

Que cet exemple soit suivi partout; que Paris reprenne son aspect accoutumé, le commerce, son activité et sa confiance; que le peuple veille à la fois au maintien de ses droits, et qu'il continue d'assurer, comme il l'a fait jusqu'ici, la tranquillité et la sécurité publiques.

DUPONT (DE L'EURE), LAMARTINE, GARNIER-PAGÈS, ARAGO, MARIE, LEDRU-ROLLIN, CRÉMIEUX, LOUIS BLANC, ARMAND MARRAST, FLOCON, ALBERT (ouvrier).

RÉPUBLIQUE FRANÇAISE.
Liberté, Egalité, Fraternité.

Le Gouvernement provisoire décrète l'établissement immédiat d'établissements nationaux.

Le ministre des travaux publics est chargé de l'exécution du présent décret.

Les membres du gouvernement provisoire de la République.

RÉPUBLIQUE FRANÇAISE.
Liberté, Egalité, Fraternité.

Le Gouvernement provisoire, convaincu que la grandeur d'âme est la suprême politique, et que chaque révolution opérée par le peuple français doit au monde la consécration d'une vérité philosophique de plus;

Considérant qu'il n'y a pas de plus sublime principe que l'inviolabilité de la vie humaine;

Considérant que, dans les mémorables journées où nous sommes, le Gouvernement provisoire a constaté avec orgueil que pas un cri de vengeance ou de mort n'est sorti de la bouche du peuple;

Déclare :

Que dans sa pensée la peine de mort est abolie en matière politique, et qu'il présentera ce vœu à la ratification définitive de l'Assemblée nationale.

Le Gouvernement provisoire a une si ferme conviction de la vérité qu'il proclame au nom du peuple français, que si les hommes coupables qui viennent de faire couler le sang de la France étaient dans les mains du peuple, il y aurait à ses yeux un châtiment plus exemplaire à les dégrader qu'à les frapper.

RÉPUBLIQUE FRANÇAISE.
Liberté, Egalité, Fraternité.

Le ministre de la justice, membre du Gouvernement provisoire de la République, à M. Faustin Hélie, directeur des affaires criminelles et des grâces.

Monsieur le directeur,

Expédiez de suite à MM. les procureurs généraux l'ordre de surseoir à toutes les exécutions capitales qui devaient avoir lieu, à la suite des arrêts souverains et de l'ordre définitif qui autorisait ces exécutions.

Vous me présenterez les dossiers, vous m'adresserez un nouveau rapport à la suite des rapports faits par votre prédécesseur : Si l'examen me permet de commuer la peine, je proposerai la modification au Gouvernement provisoire.

Quant aux condamnés sur le sort desquels aucun changement ne me paraîtra possible, je suspendrai toute décision jusqu'au jour où l'Assemblée nationale aura prononcé sur la question relative à l'abolition de la peine de mort.

AD. CRÉMIEUX.

RÉPUBLIQUE FRANÇAISE.
Liberté, Egalité, Fraternité.

Le Gouvernement provisoire déclare que le drapeau national est le drapeau tricolore, dont les couleurs seront rétablies dans l'ordre qu'avait adopté la République française; sur ce drapeau sont écrits ces mots : RÉPUBLIQUE FRANÇAISE, *Liberté, Egalité, Fraternité*, trois mots qui expliquent le sens le plus étendu des doctrines démocratiques dont ce drapeau est le symbole, en même temps que ses couleurs en continuent les traditions.

Comme signe de ralliement et comme souvenir de reconnaissance pour le dernier acte de la révolution populaire, les membres du Gouvernement provisoire et les autres autorités porteront la rosette rouge, laquelle sera placée aussi à la hampe du drapeau.

RÉPUBLIQUE FRANÇAISE.
Liberté, Egalité, Fraternité.

Décret du Gouvernement provisoire.

Attendu que, depuis le 22 février, la circulation des correspondances et effets de commerce dans la ville de Paris se trouve suspendue;

Attendu que les citoyens occupés à la défense commune ont dû suspendre le cours de leurs affaires et de leurs paiements;

Considérant l'urgence des circonstances, sur la proposition du ministre des finances,

Décrète :

Art. 1er. Les échéances des effets de commerce payables à Paris, depuis le 22 février jusqu'au 15 mars prochain inclusivement, seront prorogées de dix jours, de manière à ce que les effets échus le 22 février ne soient payables que le 3 mars, et ainsi de suite.

Art. 2. Tous protêts, recours en garantie et prescriptions mentionnées en l'art. 1er sont également suspendus et prorogés pendant dix jours.

Art. 3. Le ministre des finances est plus spécialement chargé de l'exécution du présent décret.

Fait en l'Hôtel-de-Ville, au siége du Gouvernement provisoire de la République, le 26 février 1848.

DUPONT (DE L'EURE), F. ARAGO, LAMARTINE, CRÉMIEUX, LEDRU-ROLLIN, GARNIER-PAGÈS, MARRAST, LOUIS BLANC, FLOCON, ALBERT.

Au nom du Gouvernement provisoire de la République française.

Vu l'arrêté du 25 février 1848, créant à Paris une garde nationale mobile;

Sur la proposition du général chargé, par le Gouvernement provisoire, du commandement et de l'organisation de cette garde nationale,

Les dispositions principales ci-après sont et demeurent arrêtées :

Formation.

La garde nationale mobile sera formée en 24 bataillons classés entre eux par numéros de 1 à 24, et correspondant 2 par 2, à chacun des douze arrondissements de Paris.

Chaque bataillon sera formé de 8 compagnies.

Chaque compagnie sera formée de 131 hommes.

La force totale du bataillon sera de 1,058.

Savoir :

État-major..............	10
8 compagnies à 131 hommes.	1,048
Total égal................	1,058

Composition.

Les gardes nationaux seront pris dans les volontaires de 16 à 30 ans;

Les tambours seront pris dans les mêmes volontaires;

Au début, les caporaux et les sergents seront pour moitié pris dans la ligne, dont ils seront momentanément détachés, afin d'organiser l'instruction ;

L'autre moitié sera prise parmi les volontaires.

Les sergents-fourriers seront pris parmi les volontaires sachant bien écrire et calculer.

Les sergents-majors seront pris provisoirement dans les sergents-majors ou fourriers de la ligne, dont il seront momentanément détachés pour instruire administrativement les fourriers volontaires destinés à les remplacer,

Les sous-officiers et caporaux volontaires seront élus par les volontaires dans chaque compagnie. On procédera à l'élection dès que la compagnie présentera un effectif d'au moins soixante hommes.

Les capitaines, les lieutenants et les sous-lieutenants seront pris parmi les citoyens volontaires; cette élection aura lieu dans chaque bataillon, par les volontaires qui le composent, sous la présidence du maire de l'arrondissement du bataillon, conformément à la loi réglant les élections dans la garde nationale fixe.

Le capitaine adjudant-major et le capitaine-major seront empruntés provisoirement aux lieutenants de la ligne.

Le lieutenant officier payeur sera emprunté momentanément aux sous-lieutenants de la ligne.

L'adjudant sous-officier, pivot du service du bataillon, sera provisoirement emprunté à la ligne.

Solde.

La solde journalière d'un simple volontaire est fixée à un franc cinquante centimes.

Cette solde sera la même pour les caporaux et sous-officiers, vu qu'elle est une indemnité, et non le paiement d'un emploi.

A chaque volontaire non gradé ou gradé sera allouée une indemnité de première mise de vingt francs, tenue en réserve à sa masse de linge et chaussure.

Les tambours recevront, en outre, l'indemnité journalière affectée dans la ligne à l'entretien de leur caisse.

La solde des officiers, tant volontaires que ceux détachés de la ligne, sera celle allouée, par les lois et ordonnances concernant l'infanterie de ligne, au grade dont ils exerceront les fonctions dans les bataillons de la garde nationale mobile.

Les caporaux et sous-officiers détachés de la ligne jouiront de la même solde que les volontaires,

Habillement, équipement, armement.

L'habillement sera celui de la garde nationale fixe.
L'armement sera celui de la ligne.
L'uniforme des officiers sera celui de la garde nationale fixe.
Les officiers de tout grade recevront une indemnité de première mise de trois cents francs.
Les officiers et sous-officiers détachés momentanément de la ligne conserveront leur uniforme spécial.

Service.

La garde nationale mobile doit, comme l'indique son nom, pouvoir à chaque instant être immédiatement mobilisée; cela exige que ses bataillons soient toujours à peu près réunis. Par conséquent, les bataillons seront établis dans divers bâtiments qui leur serviront de logement. Ces bâtiments seront situés dans les divers quartiers de Paris; ce sont, soit des bâtiments appartenant à l'Etat ou à la ville, soit des bâtiments appartenant à des particuliers et concédés par location.

La garde nationale mobile étant l'avant-garde de la garde nationale fixe, et pouvant devenir l'avant-garde de l'armée parisienne si une guerre étrangère l'exigeait, étend son service journalier jusqu'à mille mètres au-delà des forts détachés. Elle ne pourrait être portée au-delà de cette limite que par une décision du Gouvernement.

La sûreté et la confiance générales pourront exiger que la garde des forts soit confiée au patriotisme de la garde nationale mobile ; les bataillons alterneraient à tour de rôle dans ce service, de manière à ne pas les tenir plus d'un mois éloignés de l'intérieur de Paris et de leur famille.

Le Gouvernement, en avisant à se procurer des locaux pour loger la garde nationale mobile, avisera aussi à les faire garnir de fournitures de couchage.

Il avisera aussi à y favoriser, par des fourneaux et de grandes marmites, la préparation de la nourriture en commun et par association, si économique pour chaque personne.

Un certain nombre d'exemptions de résider dans les bâtiments communs pourra être accordée aux volontaires dont l'état de famille l'exigerait.

Discipline.

La discipline sera sauvegardée par les gardes-nationaux eux-mêmes.

Il y aura dans chaque compagnie, pour toute punition excédant vingt-quatre heures de salle de police, un conseil de discipline composé de cinq membres.

Il y aura, par bataillon, un conseil de discipline composé de 7 membres.

Les membres seront désignés par le sort, et renouvelés chaque mois, par moitié, par le sort.

Les décisions seront prises à la simple majorité. Les punitions prononcées dans ces décisions seront basées sur le code disciplinaire de la garde nationale fixe.

Le garde national inculpé sera d'abord jugé par le conseil de sa compagnie. Si ce conseil prononce une punition, l'inculpé sera de nouveau soumis au conseil de discipline du bataillon, qui infirmera, diminuera ou confirmera.

Ces conseils se réuniront, quand besoin sera, à l'heure du rapport, et prononceront immédiatement, sans formalité de procédure, sur la plainte verbale du chef qui réclamera une punition.

Ces décisions et répressions correctionnelles ne regardent que les fautes de simple discipline. Pour des fautes plus graves, les gardes pourront être expulsés et rayés des contrôles. Cette radiation sera prononcée, à la simple majorité, par la compagnie. Dans ce cas, la compagnie devra présenter au vote les deux tiers, plus un, de son effectif du jour.

Engagement.

Les volontaires, pour être inscrits sur les contrôles de la garde nationale mobile, devront signer un engagement par lequel ils seront tenus de servir pendant un an et un jour, à dater du jour de leur signature donnée. Avant ce terme les engagements ne pourront être annulés que par une décision législative du Gouvernement, qui diminuerait ou licencierait la garde nationale mobile.

La formalité de l'engagement se bornera à la signature de l'engagé, sur un registre tenu par le corps, à ce disposé, et l'engagement ne sera reçu qu'après visite préalable de l'officier de santé.

Ne pourra être reçu à s'engager tout citoyen ayant subi une condamnation afflictive et infamante.

État-major général.

L'état-major général, destiné à centraliser toutes les dispositions de service relatives aux 24 bataillons, sera composé de :

1 chef d'escadron d'état-major, chef ;

4 officiers d'état-major, ou plus s'il est nécessaire.

L'état-major, devant occuper une position centrale, sera établi dans le palais ci-devant Royal, redevenu propriété de l'Etat. Le reste du bâtiment sera occupé par une fraction de la garde nationale mobile.

Le général chargé de l'organisation est autorisé à prendre deux aides de camp.

Le Gouvernement provisoire de la République, reconnaissant des services qu'auront rendus à la patrie les officiers, sous-officiers et caporaux détachés momentanément des régiments de ligne, pour l'instruction et l'organisation des bataillons de la garde nationale mobile, s'engage à en faire un titre puissant pour l'avancement de ces officiers et sous-officiers dans leurs régiments respectifs.

Cour de Cassation.

La chambre criminelle de la cour de cassation, présidence de M. Laplagne-Barris, a tenu audience, le 26, dans le local de la chambre des requêtes. Après deux affaires au rapport de MM. Barennes et de Haussy de Robecourt, M. le procureur général Dupin portant la parole, M⁶ Martin (de Strasbourg) a remis deux lettres à M. le président, et la chambre s'est retirée dans la chambre du conseil pour en prendre communication.

La chambre rentrée en audience, la parole est à M. le procureur-général.

M. le procureur général donne lecture de ces deux pièces, ainsi conçues :

A M. le procureur général de la cour de cassation.

« Vous serez convaincu, comme moi, que le cours de la justice ne peut être interrompu, surtout en matière criminelle. Je vous prie donc de vouloir bien faire en sorte, monsieur le procureur général, que les audiences soient reprises aujourd'hui.

« Vous voudrez bien également veiller à ce que l'intitulé des arrêts porte cette mention : AU NOM DU PEUPLE FRANÇAIS.

« J'ai l'honneur de vous transmettre l'ampliation d'un arrêté du Gouvernement provisoire.

« Agréez, monsieur le procureur général, l'expression de ma plus haute considération. »

AD. CRÉMIEUX,
Membre du Gouvernement provisoire, ministre provisoire au département de la justice.

« Le Gouvernement provisoire arrête :

« Les tribunaux rendront la justice au nom du peuple français.

« Fait à l'Hôtel-de-Ville, le 25 février 1848. »

Les Membres du Gouvernement provisoire,
DUPONT (DE L'EURE), F. ARAGO, AD. CRÉMIEUX, LEDRU-ROLLIN, MARIE, GARNIER-PAGÈS.

Pour ampliation :

AD. CRÉMIEUX,
Membre du Gouvernement provisoire, ministre provisoire au département de la justice.

M. le procureur général. La cour sait parfaitement bien, et j'aime à le constater, que nous avions obéi au sentiment de nos devoirs, et qu'à l'heure ordinaire nous nous étions rendus à l'audience pour y pourvoir aux besoins de la justice, et que déjà deux arrêts avaient été rendus par la cour sur nos conclusions, lorsque les pièces dont je viens de donner lecture ont été apportées à la cour. Je demande acte de la représentation de l'arrêté et requiers qu'il soit transcrit sur le registre de la cour, afin que le greffier puisse l'exécuter en ce qui le concerne.

M. le président. La cour donne acte de la remise de l'arrêté et ordonne sa transcription sur les registres.

Cour d'Appel.
(PRÉSIDENCE DE M. SÉGUIER).

Audience du 26 février.

A l'heure ordinaire la cour a fait ouvrir les portes de l'audience. A l'appel de la première cause retenue, M⁰ Lévesque s'est présenté.

« Messieurs, a dit cet avocat, la cour de cassation a exécuté hier un arrêté du Gouvernement provisoire qui prescrit aux tribunaux de rendre la justice au nom du Peuple français. Elle a pensé que le cours de la justice ne devait pas être interrompu. Rendre à chacun ce qui lui est dû, tel est votre devoir. Nous venons vous demander à l'accomplir en nous rendant justice. »

M⁰ Lévesque expose ensuite son affaire, que la cour continue à huitaine.

L'audience levée, les chambres se réunissent à huis-clos pour la réception de M. le procureur général Portalis.

La parole est à M. le procureur général.

M. Auguste Portalis, procureur général. « Messieurs, nous venons accomplir, auprès de vous, une mission d'ordre et de sécurité. Nous demandons votre concours; nous y comptons. Une ère nouvelle commence. Les illusions des temps passés se sont évanouies. Le peuple de Paris, en peu d'heures, a brisé la déplorable imitation d'une institution vieillie et sans racines.

« Le Gouvernement du pays par le pays, la représentation nationale dans sa grandeur et sa virilité, la République, en un mot, a été proclamée par la seconde ville éternelle. Cette aurore radieuse se lève sur le monde qui en a tressailli. Mais, à chaque pas que fait l'humanité, à chaque progrès de la raison et de l'intelligence, les sociétés éprouvent une oscillation heureuse, mais qui n'est pas sans péril. L'ordre troublé dans ses fondements ne peut tout à coup reprendre sa sérénité. C'est pourquoi il ne faut ni s'étonner, ni s'effrayer de quelques malaises passagers qui accompagnent les plus généreuses et les plus nobles révolutions.

« C'est une raison seulement de se réunir, de se grouper en faisceau et de donner l'exemple de ce courage civil dont la France est justement fière. Le Peuple, qui frémit encore de son éclatant triomphe, attend de vous la simple persévérance et la calme exactitude de la magistrature.

« Vous ne faillirez pas à cette attente, et nous marcherons ensemble, et sans prêter l'oreille aux bruits politiques, dans la voie de la justice ordinaire et du droit commun.

« Un autre jour, peut-être, nous pourrons, avec plus d'abondance, parler du courage civil, en recueillir les exemples fameux, en vanter les avantages. Aujourd'hui ce sont des actes et non des paroles qu'il faut; nous sommes appelés à le pratiquer. Le respect des personnes et des propriétés, l'attente recueillie des institutions que la représentation nationale nous donnera, nos sympathies pour la classe la plus nombreuse, notre concours pour adoucir le sort de nos frères, notre admiration pour le courage et la générosité du peuple, notre désir d'assurer désormais les fruits légitimes du travail et les moyens de donner à chaque travailleur son salaire et sa paye de chaque jour : tels sont les sentiments que la France attend de ses magistrats et dont je m'honore.

« En conséquence, je prête et dépose serment en vos mains.

« Je jure fidélité à la République française et obéissance aux lois du pays. »

Le procureur général présente ensuite le réquisitoire suivant :

Réquisitoire à fin d'information par la cour d'appel.

« Nous, procureur général près la cour ;

« Considérant que les ministres de l'ex-roi Louis-Philippe, en prohibant un acte non défendu par la loi et en portant, sur plusieurs endroits de Paris, des masses de troupes, avec ordre de faire feu sur les citoyens, sont inculpés d'un crime prévu par l'art. 91 du Code pénal ;

« Qu'en effet cet acte, s'il est établi par l'instruction, doit constituer le crime d'attentat ayant pour but d'exciter les citoyens à s'armer les uns contre les autres et à porter la dévastation, le massacre et le pillage dans la commune de Paris ;

« Considérant qu'à la suite de cet attentat, et pour en assurer l'exécution, les mêmes inculpés ont donné, dans les journées du mercredi 23 et du jeudi 24 février, des instructions et des ordres de faire feu sur les citoyens, ce qui peut également constituer un crime prévu et puni par les lois pénales ;

« Considérant que, dans toutes les affaires, les cours d'appel, tant qu'elles n'ont pas décidé s'il y a lieu de prononcer la mise en accusation, pourront, d'office, soit qu'il y ait ou non une instruction commencée, ordonner des poursuites, se faire apporter les pièces, informer ou faire informer, et statuer ensuite ce qu'il appartiendra;

« Considérant que, dans les circonstances où nous nous trouvons, et pour prouver à tous les citoyens combien leurs magistrats s'intéressent à leur salut et à la punition de pareils crimes, s'ils sont prouvés;

« Requérons information contre les sus-indiqués, auteurs de l'attentat, s'il y a lieu, contre leurs complices, aux termes de l'article 235 du Code d'instruction criminelle, et qu'il en soit immédiatement délibéré, pour toutes mesures être prises et mandats décernés.

« Le procureur général près la cour d'appel,
« AUGUSTE PORTALIS. »

« La cour, après en avoir délibéré, rend arrêt conforme aux réquisitions de M. le procureur général, décrète de prise de corps M. Guizot et ses collègues, et nomme pour procéder à l'information MM. les conseillers de Lahaye et Perrot de Chezelles jeune.

Ordre du jour de la Garde nationale.
Revue du 27 février 1848.

Deux bataillons, par légion, de la garde nationale de Paris, tous les bataillons composant la garde nationale de la banlieue, la 13e légion, les élèves de l'École-Polytechnique, ceux de l'école de Saint-Cyr, les élèves des écoles de Droit et de Médecine, ceux de l'école Normale et d'Alfort seront passés en revue par les membres du Gouvernement provisoire, et par le commandant supérieur de la garde nationale.

La ligne sera établie sur les boulevards, la droite appuyée sur la place de la Bastille; toutes les légions, avec les drapeaux, sapeurs et musiques, seront rendues sur le terrain, à midi précis : les membres du Gouvernement provisoire, et le général commandant supérieur, après avoir passé devant le front des bataillons, se reporteront de leur personne au pied de la colonne de Juillet. Au retour, dès qu'un bataillon sera démasqué, il se formera en colonne serrée, en faisant par peloton à droite; les officiers supérieurs et les drapeaux se rendront sur la place de la Bastille, et se grouperont au pied de la colonne de Juillet. Le Gouvernement provisoire y proclamera la République; les officiers supérieurs et les drapeaux reprendront leurs postes, les légions défileront autour de la colonne de Juillet et retourneront dans leurs quartiers respectifs.

Le commandant supérieur de la garde nationale,
COURTAIS.

Pour copie conforme, le chef d'état-major général,
GUINARD.

RÉPUBLIQUE FRANÇAISE.

Le Gouvernement provisoire de la République Française aux rédacteurs des journaux de Paris.

Citoyens rédacteurs,

Le public et quelques journaux ayant manifesté le désir de voir dans les colonnes des divers journaux les véritables membres du Gouvernement provisoire, dont plusieurs noms ont été changés et dénaturés, nous vous donnons en conséquence, ici-bas, la note que vous voudrez bien insérer immédiatement dans votre journal.

DUPONT (DE L'EURE), LAMARTINE, ARAGO, MARIE, GARNIER-PAGÈS, LEDRU-ROLLIN, CRÉMIEUX, A. MARRAST, LOUIS BLANC, FERDINAND FLOCON, ALBERT, BOUVIER, *secrétaire.*

DUMONT, A. DE MONTAIGU, MAURIN, *sous-secrétaires des délibérations du Gouvernement provisoire,*

Pour les membres du Gouvernement provisoire et de la République Française,
A. MARRAST.

Les sieurs Félix Bouvier, Dumon (Alexandre de Montaigu), Charles-Antoine Maurin, ayant usurpé des titres qui ne leur appartenaient pas et fait insérer dans les journaux une note fausse sur la composition provisoire du Gouvernement ont été expulsés de l'Hôtel-de-Ville.

Une information est commencée par le ministre de la justice.

ARCHEVÊCHÉ DE PARIS.

Monsieur le curé,

En présence du grand événement dont la capitale vient d'être le théâtre, notre premier mouvement a été de pleurer sur le sort des victimes que la mort a frappées d'une manière si imprévue; nous les pleurons tous, parce qu'ils sont nos frères; nous les pleurons, parce que nous avons appris une fois de plus tout ce qu'il y a dans le cœur du peuple de Paris de désintéressement, de respect pour la propriété et de sentiments généreux.

Nous ne devons pas nous borner à répandre des larmes; nous prierons pour tous ceux qui ont succombé dans la lutte: nous demanderons à Dieu qu'il leur ouvre le lieu de rafraîchissement, de lumière et de paix. En conséquence, vous voudrez bien faire célébrer le plus tôt possible un service solennel auquel vous donnerez toute la pompe que permettront les ressources de la fabrique. La messe sera celle *In die obitûs,* avec l'oraison *Pro pluribus defunctis.* Ce service devra avoir lieu aussitôt que vous aurez pu en prévenir les fidèles, fût-ce même un dimanche. Pendant la messe, une quête sera faite pour le soulagement des familles pauvres de ceux qui sont morts ou qui ont été blessés. Le produit de cette quête sera versé par MM. les curés entre les mains du maire de leur arrondissement.

La présente lettre sera affichée partout où besoin sera.

Recevez, monsieur le curé, l'assurance de mon sincère attachement.

Nota. Dans le cas où il sera nécessaire ou utile d'établir des ambulances dans vos églises, vous n'hésiterez pas à les offrir, alors même que l'office du dimanche devrait être supprimé.

Si cet office peut avoir lieu, vous chanterez, après la messe de paroisse, le verset : *Domine, salvam fac Francorum gentem.....* et l'oraison *Deus à quo sancta desideria, recta concilia,* etc.

Dans les établissements publics et particuliers qui ont une chapelle, on poura se borner à dire une messe basse.

† Denis, *Archevêque de Paris.*

Adhésions

A MM. les membres du Gouvernement provisoire de la République.

La nation vient de déchirer les traités de 1815. Le vieux soldat de Waterloo, le dernier frère de Napoléon, rentre dès ce moment au sein de la grande famille,

Le temps des dynasties est passé pour la France !

La loi de proscription qui me frappait est tombée avec le dernier des Bourbons. Je demande que le gouvernement de la République prenne un arrêté qui déclare que ma proscription était une injure à la France, et a disparu avec tout ce qui nous a été imposé par l'étranger.

Recevez, Messieurs les membres du Gouvernement provisoire de la République, l'expression de mon respect et de mon dévouement.

Signé : Jérome Bonaparte.

Paris, ce 26 février 1848.

A MM. les membres du Gouvernement provisoire de la République.

Au moment même de la victoire du peuple, je me suis rendu à l'Hôtel-de-Ville. Le devoir de tout bon citoyen est de se réunir autour du Gouvernement provisoire de la République, et je tiens à être un des premiers à le faire, heureux si mon patriotisme peut être utilement employé.

Recevez, Messieurs, l'expression des sentiments de respect et de dévouement de votre concitoyen.

Signé : Napoléon Bonaparte,

Paris, 26 février 1848.

Le 29 février, le prince écrivit cette seconde lettre :

« Messieurs,

» Après trente-trois années d'exil et de persécution, je crois avoir acquis le droit de retrouver un foyer sur le sol de la patrie.

« Vous pensez que ma présence à Paris est maintenant un sujet d'embarras. Je m'éloigne donc momentanément ; vous verrez dans ce sacrifice la pureté de mes intentions et la sincérité de mon patriotisme.

« Recevez, messieurs, l'assurance de mes sentiments de haute estime et de sympathie.

Napoléon-Louis Bonaparte.

Le même jour Pierre-Napoléon Bonaparte écrivait également la lettre suivante :

A MM. les membres du Gouvernement provisoire de la République.

« Messieurs,

« Fils de Lucien Bonaparte, nourri de ses opinions républicaines, idolâtre, comme lui, de la grandeur et du bonheur de la France, j'accours, enfant de la patrie, me mettre à la disposition des éminens citoyens qui forment le Gouvernement provisoire. Le sentiment qui me domine, c'est un patriotique enthousiasme, et la conviction que la prospérité et l'avenir de la République ont été résolus le jour où le peuple vous a mis à sa tête. Comme mon père, qui n'a jamais trahi son serment, j'engage le mien entre vos mains à la République française.

» Recevez, messieurs, cet acte de profonde sympathie et d'un dévoûment qui ne demande que d'être mis à l'épreuve.

» PIERRE-NAPOLÉON BONAPARTE.

MINISTÈRE DE LA GUERRE.
Paris, le 26 février 1848.

A MM. les généraux commandant les divisions et subdivisions militaires.

Général, un grand acte national vient de s'accomplir; la royauté a disparu devant la souveraineté du peuple.

Tous les bons citoyens, tous les hommes de cœur doivent se réunir autour du Gouvernement provisoire de la République.

MM. les généraux commandant les divisions et subdivisions rassembleront donc les troupes sous leur commandement, proclameront à leur tête le nouveau Gouvernement, et provoqueront la manifestation de leur adhésion. Ils transmettront ensuite et sans retard au ministre de la guerre les actes qui devront constater cette adhésion.

MM. les généraux emploieront, d'ailleurs, tous les moyens en leur pouvoir pour maintenir la discipline parmi les troupes de toutes armes; ils veilleront à ce qu'il soit régulièrement pourvu à leurs besoins, et donneront tous les ordres nécessaires à cet effet.

Ils se concerteront avec les autorités administratives afin que l'ordre public soit respecté, et, dans ce but, ils s'appuieront sur la garde nationale, à laquelle est plus particulièrement confié le devoir de défendre nos libertés publiques.

Le Gouvernement compte que l'armée, fidèle à ses devoirs, restera toujours dans la voie de l'honneur.

Vous m'accuserez réception de la présente, dont je confie l'exécution à votre patriotisme.

Le ministre de la guerre,
SUBERVIE.

Lettre aux Présidents des quatre classes de l'Institut.

Monsieur le président,

La loi organique de l'Institut renferme les deux articles suivants :

« Art, 1ᵉʳ. L'Institut national nommera tous les ans, au concours, vingt citoyens qui seront chargés de voyager et de faire des observations relatives à l'agriculture, tant dans les départements de la République que dans les pays étrangers.

« Art. 4. L'Institut national nommera, tous les ans, six de ses membres pour voyager soit ensemble, soit séparément, pour faire des recherches sur diverses branches des connaissances humaines autres que l'agriculture. »

Le gouvernement monarchique avait laissé tomber en désuétude ces deux articles si essentiels au bien de la nation.

Il entre dans les intentions du Gouvernement de remettre en vigueur, avec les développements que réclame l'état actuel de la France, ces vues d'un Gouvernement qui a fondé l'Institut national.

Je vous prie, monsieur le président, de communiquer cette lettre à l'Académie que vous présidez, et de prendre immédiatement les mesures nécessaires pour que je sois saisi d'un plan d'application approprié aux conditions de notre époque.

Recevez, monsieur le président, l'assurance de ma considération très-distinguée.

Le ministre provisoire de l'instruction publique et des cultes,

CARNOT.

Journée du 27 février.

Suite des Proclamations et des Adhésions. — Circulaire du Ministre de l'intérieur à MM. les Préfets. Proclamation solennelle de la République à la colonne de Juillet. — Circulaires du Ministre de l'instruction publique à MM. les Recteurs des Académies. — Arrêté du Ministre des travaux publics.

RÉPUBLIQUE FRANÇAISE.

Proclamation.

Le gouvernement provisoire, informé que les boulangers éprouvent de la difficulté à se pourvoir de combustible, arrête que les barricades sur la ligne qui mène aux grands chantiers de bois seront ouvertes par les soins des élèves des écoles et sous leur direction, de manière à rouvrir la voie à la circulation sans compromettre la défense de la capitale.

Mêmes mesures seront prises pour l'arrivée des subsistances par les principales barrières et rues de la capitale.

LAMARTINE,
GARNIER-PAGÈS, *maire de Paris.*

Adhésions.

Paris, le 27 février 1848.

« Monsieur le ministre,

« J'ai l'honneur de vous accuser réception de la communication que vous venez de me faire, en date d'aujourd'hui 27 février, et je m'empresserai de la transmettre à notre très-saint-père le pape Pie IX.

« Je ne résiste pas au besoin de profiter de cette occasion pour vous exprimer la vive et profonde satisfaction que m'inspire le respect que le peuple de Paris a témoigné à la religion au milieu des grands événements qui viennent de s'accomplir.

Je suis convaincu que le cœur paternel de Pie IX en sera profondément touché, et que le père commun des fidèles appellera de tous ses veux les bénédictions de Dieu sur la France.

« Agréez, etc. R., archevêque de Nicée, nonce apost. »

« Monsieur le ministre,

« Les événements qui viennent de s'accomplir, le besoin d'union générale pour assurer l'ordre à l'intérieur et à l'extérieur, me font un devoir de mettre mon épée au service du gouvernement qui vient d'être institué.

« J'ai toujours considéré comme le plus saint des devoirs la défense du territoire et de la patrie.

« Je vous prie de m'accuser réception de cette déclaration et de recevoir l'assurance de ma haute considération,

« Signé : maréchal duc d'Isly. »

RÉPUBLIQUE FRANÇAISE.

Liberté, Egalité, Fraternité.

« Monsieur le préfet,

« Le gouvernement républicain est constitué. La Nation va être appelée à lui donner sa sanction. Vous avez à prendre immédiatement toutes les mesures nécessaires pour assurer au nouveau gouvernement le concours de la population et la tranquillité publique. Faites-moi connaître, dans le plus bref délai, l'état de l'opinion et informez-moi en même temps des dispositions que vous aurez prises.

« Agréez, Monsieur le préfet, l'assurance de ma considération distinguée.

« *Le ministre de l'intérieur,*
« Ledru-Rollin. »

AUX OUVRIERS.

Frères !

Nous apprenons qu'au milieu de la joie et du triomphe, quelques-uns des nôtres, égarés par de perfides conseils, veulent ternir la gloire de notre révolution par des excès que nous réprouvons de toute notre énergie. Ils veulent briser les mécaniques.

Frères, ceux-là ont tort! Nous souffrons comme eux des perturbations qu'a amenées l'introduction des machines dans l'industrie; mais, au lieu de nous en prendre aux inventions qui abrègent le travail en multipliant la production, n'accusons de nos douleurs que les gouvernements égoïstes et imprévoyants. Ils ne peut plus en être de même à l'avenir.

Respect donc aux machines!

D'ailleurs, s'attaquer aux presses mécaniques, c'est ralentir, c'est refouler la voie de la révolution. C'est, dans les graves circonstances où nous sommes, faire œuvre de mauvais citoyen.

Les ouvriers soussignés délégués,

> Nouguès, imprimeur; Pascal, *id.*; Joly, tailleur; Bérard, *id.*; Pénéan, bouchonnier; Gilland, serrurier; Gaumont, horloger-mécanicien; Bourdin, *id.*; Dejacque, colleur; Abraham, relieur; Gauthier, imprimeur; Pasquier, *id.*; Desbrosses, dessinateur; Danguy, imprimeur; Chardenot, menuisier; Roce, charpentier; Lambert, teneur de livres; Gaillard, imprimeur; Garnier, teneur de livres; Capron, *id.*; Fornet, bijoutier; Leroy, *id.*; Corbon, marbrier; Ronce, imprimeur; Viez, *id.*; Scott, *id.*; Trapp, *id.*

Proclamation solennelle de la République à la Colonne de Juillet.

Paris a eu aujourd'hui une des plus grandes et des plus belles fêtes dont ses annales aient conservé le souvenir.

Deux bataillons par chaque légion de la garde nationale avaient été convoqués hier soir; quelques heures après, tou le monde était à son poste, et jamais les rangs ne furent mieux garnis. Les combattants encore armés, et qui depuis plusieurs jours partagent avec les gardes nationaux tous les services d'ordre et de sécurité publique, ajoutaient encore au nombre de cette milice populaire, et témoignaient ainsi de l'union fraternelle commencée sous les feux du combat et cimentée par la victoire.

Ce peuple entier, sûr de sa force comme de sa grandeur, s'était donné rendez-vous sur cette immortelle place de la Bastille, qui remplit plus d'une noble page dans l'histoire de la révolution et de la liberté.

Les membres du Gouvernement provisoire sont partis de leur salle de délibération à deux heures précises ; ils ont descendu le grand escalier de l'hôtel au milieu d'un concours nombreux de citoyens, la garde présentant les armes, et le tambour battant aux champs. Les cris de *Vive la République!* poussés par la foule enthousiaste, ont bientôt retenti dans toute la place, encombrée d'une multitude infinie.

Le cortége aussitôt s'est ébranlé. En tête marchait un détachement de la garde nationale à cheval, puis les élèves de l'école d'état-major.

Ils étaient suivis par une légion de la garde nationale, où se mêlaient beaucoup d'autres citoyens dont les armes et le costume étaient comme le signe vivant de la révolution accomplie. Entre les compagnies de cette légion, les jeunes gens de toutes nos écoles, dont la bravoure et le dévouement relèvent l'intelligence et le patriotisme.

Les membres du Gouvernement provisoire venaient ensuite, en habit noir, avec l'écharpe tricolore et la rosette rouge à la boutonnière. Les ministres de la guerre, des finances, du commerce et de l'instruction publique, les adjoints de Paris, le directeur général des postes, s'étaient joints aux membres du Gouvernement provisoire. Tous ces élus de l'insurrection ont été salués par les acclamations les plus vives. Les officiers de Saint-Cyr les précédaient immédiatement, et un détachement des élèves de l'Ecole-Polytechnique, l'épée nue, formait la haie.

Derrière eux venait une masse immense qui a été grossissant jusqu'à la fin. La cour de cassation, la cour d'appel, le général Bedeau, commandant la division militaire; des officiers de l'armée et de la marine, des fonctionnaires des autres départements, s'étaient rendus sur la place de la Bastille, où la foule pressée se serrait autour de la colonne de Juillet, dont le sommet était pavoisé d'étendards aux trois couleurs. Le temps, qui avait été jusque-là pluvieux, s'est éclarci, et le soleil a voulu éclairer de ses rayons cette première fête de la République.

Arrivés au pied de la colonne, les membres du Gouvernement provisoire se sont rangés sur une file, pendant que la musique jouait la *Marseillaise*. Les drapeaux se sont placés en face d'eux.

Après un roulement de tambour, M. Arago a pris la parole ; il a d'une voix forte annoncé au peuple assemblé que le Gouvernement provisoire avait cru de son devoir de proclamer solennellement la République devant l'héroïque population de Paris, dont l'acclamation spontanée avait déjà consacré cette forme de gouvernement. La sanction de la France entière y manque sans doute encore; mais nous espérons qu'elle ratifiera le vœu du peuple parisien, qui a donné un nouvel et magnifique exemple de son courage, de sa puissance, de sa modération. Il tient à prouver à la patrie et au monde qu'il n'a pas seulement l'instinct de ses droits, mais qu'il en possède aussi l'intelligence et la sagesse. Calme et fort, énergique et généreux, le peuple de Paris peut être présenté à la France comme un de ses titres d'orgueil.

Il semble avoir laissé tomber dans le plus dédaigneux oubli une royauté malfaisante pour ne s'occuper que des grands intérêts, qui sont ceux de tous les peuples, des principes immortels qui vont devenir pour eux la loi morale de la politique et de l'humanité.

« Citoyens! s'est écrié M. Arago avec enthousiasme, répétez avec moi ce cri populaire : *Vive la République!* » Tous les membres du Gouvernement provisoire se sont découverts, les drapeaux se sont inclinés; et, au bruit des tambours battant aux champs, au bruit des trompettes et de la musique s'est joint cet autre bruit immense du peuple qui couvrait tous les autres : *Vive la République !*

Le vénérable président du conseil, M. Dupont (de l'Eure), a remercié alors en ces termes la population de Paris de la conquête qu'elle venait d'accomplir :

« Citoyens!

« Le Gouvernement provisoire de la République profite avec bonheur et empressement de la première réunion de la garde nationale de Paris pour venir la remercier des immenses services qu'elle a rendus à la patrie dans les grandes circonstances que nous venons de traverser.

« Nous comptons toujours sur votre patriotique concours pour la consolidation du Gouvernement républicain, que le peuple français vient de conquérir au prix de son sang, pour le maintien de l'ordre social, et pour l'affermissement de toutes nos libertés. »

Des bravos répétés ont accompagné cette allocution du vénérable président. L'enthousiasme a augmenté encore, quand M. Arago a dit avec émotion: « *Citoyens, ce sont quatre-vingts ans d'une vie pure et patriotique qui vous parlent!...* » *Oui! oui! vive Dupont (de l'Eure)!* Et celui-ci ayant répondu en s'écriant : *Vive la République!* ce cri s'est prolongé pendant plusieurs minutes.

M. Crémieux, dans de chaleureuses paroles, a invoqué

la mémoire des braves citoyens morts à la révolution de Juillet, et dont les noms sont gravés sur le bronze de la colonne : « Cette journée doit consoler leurs âmes affligées pendant dix-huit ans. Nul ne pourra désormais enlever au peuple les fruits de sa conquête. Le Gouvernement républicain dérive du peuple, et il s'y appuie. Toutes les distinctions de classes sont effacées devant l'égalité, tous les antagonismes se calment et disparaissent par cette fraternité sainte qui fait des enfants d'une même patrie les enfants d'une famille, et de tous les peuples des alliés. »

Ces paroles ont été interrompues par les applaudissements les plus vifs.

Le général Courtais, commandant la garde nationale, a fait alors commencer le défilé ; mais la foule était tellement entassée qu'elle rompit les rangs ; elle défilait aussi devant le Gouvernement provisoire, et à chaque instant les cris de *Vive la République!* retentissaient avec éclat. Il a fallu près d'une heure pour le défilé de la 1re et de la 2e légion. Les membres du Gouvernement provisoire se sont alors mis en marche afin de passer devant le front des autres légions, échelonnées le long des boulevards.

Depuis la place de la Bastille jusqu'à la hauteur du faubourg Poissonnière, ce n'a été qu'un seul cri dont l'écho se prolongeait au milieu d'une foule innombrable. Le peuple de Paris semblait vouloir prendre à témoin le ciel et la terre, et il consacrait la *République française* par les accents les plus vigoureux que le désir et la conviction aient jamais arrachés à des poitrines humaines. Toutes ces figures avaient le caractère de la confiance et de la joie : non pas d'une joie emportée et frivole, mais d'une joie sereine et réfléchie. Quand on se retournait du haut du boulevard Saint-Denis, on apercevait, marchant derrière le Gouvernement provisoire, une masse de citoyens énorme, immense, qui remplissait la grande voie dans toute sa largeur, et qui s'étendait jusqu'à perte de vue. C'était le plus imposant spectacle; rien n'égale les pompes que donne la présence du peuple, rien n'est comparable à sa majesté.

Cette journée est désormais inscrite au nombre de celles qui laissent dans l'histoire les traces qu'on aime le mieux à retrouver. Ce peuple, si indigné il y a trois jours, si animé de toute la chaleur de la bataille, était là aujourd'hui tout entier, mêlant, confondant ses impressions, n'éprouvant plus qu'un sentiment de concorde, et s'abandonnant à toutes les espérances d'un avenir de grandeur et de prospérité avec une confiance qui, cette fois, du moins, ne sera pas trompée!

On peut le dire avec un juste orgueil, le Gouvernement, appuyé sur cette force populaire, sera le plus puissant des gouvernements. En servant la France il servira toutes les nations de l'Europe; le peuple de Paris a ouvert une ère nouvelle; la République française fait reprendre à notre patrie le cours glorieux de ses destinées; elle lui rend l'initiative du progrès; elle vient enfin au secours du temps et des idées qui préparent peu à peu les Etats unis de l'ancien continent.

Circulaires adressées par M. le ministre provisoire de l'instruction publique et des cultes à MM. les recteurs des Académies.

Monsieur le recteur, l'intention du Gouvernement provisoire est de consacrer par l'instruction publique l'union touchante qui s'est établie sur les ruines de la monarchie entre le peuple et l'École-Polytechnique.

Il est juste et important au bien public que le recrutement de cette école, qui jusqu'à présent ne s'opérait qu'à des conditions inabordables à la majorité des citoyens, s'étende sur tout le peuple.

Il est facile de prendre des mesures capables d'assurer ce résultat. Des examens destinés à faire connaître, dès leur enfance, les sujets propres à cette école, auront lieu dans toutes les écoles élémentaires, et les colléges serviront gratuitement à leur préparation aux examens de l'École-Polytechnique.

Il m'est nécessaire de connaître exactement quelles ressources l'état actuel de l'enseignement des mathématiques, dans les écoles de tous les degrés de votre ressort, peut offrir à l'exécution de ce dessein, et je vous invite à m'adresser, dans le plus court délai, un rapport détaillé sur la question.

Recevez, monsieur le recteur, l'assurance de ma considération très-distinguée.

Le ministre provisoire de l'instruction publique et des cultes,

CARNOT.

Monsieur le recteur, la condition des instituteurs primaires est un des objets principaux de ma sollicitude. Ce sont les membres de la hiérarchie universitaire qui touchent le plus directement à tout le peuple : c'est à eux que sont confiées les bases de l'éducation nationale.

Il n'importe pas seulement d'élever leur condition par une juste augmentation de leurs appointements; il faut que la dignité de leur fonction soit rehaussée de toutes manières; et, dans ce but, je veux que le principe de l'émulation et de la récompense soit introduit parmi eux.

Il faut qu'au lieu de s'en tenir à l'instruction qu'ils ont reçue dans les écoles normales primaires, ils soient constamment sollicités à l'accroître.

Il faut que les progrès qu'il leur sera possible de réaliser dans cette éducation solitaire soient constatés comme ceux qu'ils avaient accomplis dans les écoles où ils se sont formés.

Il faut que ces progrès leur deviennent profitables ainsi qu'à la République.

Rien n'empêche que ceux qui en seront capables ne s'élèvent jusqu'aux plus hautes sommités de notre hiérarchie. Leur sort quant à l'avancement ne saurait être inférieur à celui des soldats; leur mérite a droit aussi de conquérir des grades.

Il suffit de quelques livres de mathématiques, de physique, d'histoire naturelle, d'agriculture, pour que ceux qui ont reçu les dons du génie parviennent par leurs méditations jusque dans les rangs les plus élevés de la science. Mais, pour que tous soient animés dans une voie d'émulation si glorieuse, il est nécessaire que des positions intermédiaires leur soient assurées. Elles le seront naturellement par l'extension que doit recevoir dans les écoles primaires supérieures l'enseignement des mathématiques, de la physique, de l'histoire naturelle, de l'agriculture.

Les instituteurs primaires seront donc invités, dans toute l'étendue de la République, à se préparer à servir au recrutement du personnel de ces écoles. Tel est un des compléments de l'établissement des écoles normales primaires, l'intérêt de la République est que les portes de la hiérarchie universitaire soient ouvertes aussi largement que possible devant les magistrats populaires.

Portez dès à présent, monsieur le recteur, à la connaissance des instituteurs primaires et de l'école normale de votre ressort ces vues du gouvernement à leur égard.

Recevez, monsieur le recteur, l'assurance de ma considération distinguée.

Le ministre provisoire de l'instruction publique et des cultes,

CARNOT.

Paris, le 27 février.

Monsieur le recteur, les règlements relatifs aux écoles normales primaires ont rangé l'agriculture parmi les objets de leur enseignement. Ces règlements ne sont pas encore appliqués dans toutes les écoles. Il entre dans les intentions du Gouvernement qu'ils le soient partout et de la manière la plus sérieuse. Il sera facile de soutenir la théorie par la pratique en joignant aux expériences qui peuvent se faire dans les jardins des écoles l'observation raisonnée des travaux agricoles des environs.

Le Gouvernement veut, en outre, que les connaissances les plus essentielles à l'agriculture soient étendues autant que possible dans toutes les écoles primaires.

Je signale dès à présent ces deux objets à votre attention, monsieur le recteur, car ils sont compris au nombre des mesures par lesquelles l'instruction publique doit contribuer au développement de l'agriculture, et par conséquent à l'augmentation des éléments de la subsistance publique. Je vous prie de me faire connaître ce qui existe à cet égard dans l'école normale primaire de votre ressort, et ce qui vous semblerait pouvoir être fait dès à présent dans toutes les écoles primaires.

Recevez, monsieur le recteur, l'assurance de ma considération distinguée.

Le ministre provisoire de l'instruction publique et des cultes,

CARNOT.

RÉPUBLIQUE FRANÇAISE.

Liberté, Égalité, Fraternité.

Le ministre des travaux publics,

Vu l'arrêté pris en date d'hier par le Gouvernement provisoire,

Ordonne :

Tous les travaux de bâtiments et édifices publics entrepris aux frais de l'Etat, à l'exception des travaux des forts, seront repris immédiatement.

En conséquence, les entrepreneurs de ces divers travaux sont mis en demeure de réorganiser leurs chantiers.

Des à-comptes sur le montant des travaux leur seront délivrés chaque mois en raison du degré d'activité qu'ils auront imprimé à leurs travaux.

Paris, le 27 février 1848.   MARIE.

RÉPUBLIQUE FRANÇAISE.

Liberté, Égalité, Fraternité.

Le commandement du Louvre est confié au citoyen Servient, de l'École-Polytechnique, désigné par ses camarades, sur l'invitation expresse du Gouvernement provisoire.

Paris, 27 février.

Les membres du Gouvernement provisoire.

Journées des 28 et 29 février.

Suite et fin des Arrêtés et Proclamations. — Ordre du jour de l'État-Major de la Garde Nationale. — Circulaire du Ministre de l'instruction publique à MM. les Recteurs des Académies. — Lettre de l'Archevêque de Paris à MM. les Curés.

RÉPUBLIQUE FRANÇAISE.

Proclamations du Gouvernement provisoire.

Liberté, Egalité, Fraternité.

Considérant que la révolution, faite par le peuple, doit être faite pour lui;

Qu'il est temps de mettre un terme aux longues et iniques souffrances des travailleurs;

Que la question du travail est d'une importance suprême;

Qu'il n'en est pas de plus haute, de plus digne des préoccupations d'un Gouvernement républicain;

Qu'il appartient surtout à la France d'étudier ardemment et de résoudre un problème posé aujourd'hui chez toutes les nations industrielles de l'Europe;

Qu'il faut aviser sans le moindre retard à garantir au peuple les fruits légitimes de son travail;

Le Gouvernement provisoire de la République arrête :

Une commission permanente, qui s'appellera *Commission de gouvernement pour les travailleurs*, va être nommée avec mission expresse et spéciale de s'occuper de leur sort.

Pour montrer quelle importance le Gouvernement provisoire de la République attache à la solution de ce grand problème, il nomme président de la *Commission de gouvernement pour les travailleurs* un de ses membres, M. Louis Blanc, et pour vice-président un autre de ses membres, M. Albert, ouvrier.

Des ouvriers seront appelés à faire partie de la commission.

Le siége de la commission sera au palais du Luxembourg.

Armand Marrast, Garnier-Pagès, Arago, Albert, Marie, Crémieux, Dupont (de l'Eure), Louis Blanc, Ledru-Rollin, Flocon, Lamartine.

RÉPUBLIQUE FRANÇAISE.
Au nom du Peuple français.

Le Gouvernement provisoire de la République,
Considérant que des plaintes, reconnues légitimes, s'élèvent depuis longtemps contre l'insuffisance et le mode de composition de la ration des marins employés au service de la flotte, et que l'humanité est ici d'accord avec l'intérêt bien entendu de la nation pour appeler sur ce point essentiel la juste sollicitude du Gouvernement,

Décrète :

Art. 1er. Des mesures seront immédiatement prises à l'effet d'introduire dans le régime alimentaire des équipages des bâtiments de la République toutes les améliorations qu'il comporte.

Art. 2. Le ministre provisoire de la marine et des colonies est chargé de l'exécution du présent décret.

Paris, le 28 février 1828.

Les membres du Gouvernement provisoire,

Dupont (de l'Eure), Lamartine, Arago, Crémieux, Ledru-Rollin, Garnier-Pagès, Marrast, Louis Blanc, Flocon, Albert.

Pour copie :

Le ministre provisoire de la marine et des colonies,

Arago.

RÉPUBLIQUE FRANÇAISE.
Liberté, Égalité, Fraternité.

Le Gouvernement provisoire,
Informé que des malfaiteurs se sont portés sur divers points pour y dévaster les propriétés publiques et privées, incendier des ponts, couper les grandes voies de communication si néces-

saires à l'approvisionnement de Paris, et interrompre la circulation du chemin de fer ;

Déclare :

Les propriétés publiques et privées, les ponts, routes, chemins de fer, monuments, sont placés sous la sauvegarde de la République.

Quiconque sera surpris commettant des dégâts sur la voie publique ou des attentats contre les propriétés, détruisant ou coupant les rails des chemins de fer, dégradant les objets d'utilité publique, sera à l'instant même arrêté, poursuivi et puni, conformément aux lois, notamment à la loi sur la police des chemins de fer, avec toute la rigueur que les circonstances autorisent.

Citoyens !

La destruction des propriétés est toujours un acte odieux ; dans les circonstances actuelles, c'est une trahison contre la République. Prêtez donc votre concours vigilant, actif ; en vous défendant vous-mêmes, vous défendrez encore l'intérêt sacré de la patrie.

ALBERT, ARAGO, CRÉMIEUX, DUPONT (DE L'EURE), FLOCON, GARNIER-PAGÈS, LAMARTINE, LEDRU-ROLLIN, LOUIS BLANC, MARIE, MARRAST.

RÉPUBLIQUE FRANÇAISE.

Liberté, Égalité, Fraternité.

Aux ouvriers.

Ouvriers !

Par décision en date de ce jour, 28 février 1848, le ministre des travaux publics a ordonné que les travaux en cours d'exécution seraient immédiatement repris.

A partir de mercredi 1er mars des travaux importants seront organisés sur divers points.

Tous les travailleurs qui voudront y prendre part devront s'adresser à l'un des maires de Paris, qui recevront leurs demandes et les dirigeront, sans retard, vers les chantiers.

Ouvriers de Paris !

Vous voulez vivre honorablement par le travail, tous les efforts du Gouvernement provisoire tendront, soyez en sûrs, à vous aider à l'accomplissement de cette volonté.

La République a le droit d'attendre et elle attend du patriotisme de tous les citoyens, que l'exemple qu'elle donne soit suivi. De cette manière, la somme des travaux sera augmentée.

Que partout donc les travaux reprennent leur activité. Ouvriers ! après la victoire, le travail; c'est encore un bel exemple que vous avez à donner au monde, et vous le donnerez.

Le ministre des travaux publics,

MARIE.

RÉPUBLIQUE FRANÇAISE.

Liberté, Égalité, Fraternité.

Le Gouvernement provisoire arrête :

Art. 1er. Il sera organisé d'urgence des ateliers de terrassement :

1° Pour déblayer la tranchée de Clamart et porter les terres dans Paris, à l'effet de préparer une gare du chemin de fer de l'Ouest entre le souterrain extérieur et le boulevard ;

2° Pour l'exécution de la gare de Paris, chemin de Paris à Chartres ;

3° Pour l'amélioration de la navigation de l'Oise ;

4° Pour le prolongement du chemin de fer de Sceaux à Orsay.

Art. 2. Les ingénieurs chargés de la direction des travaux requerront d'urgence le concours des compagnies de chemins de fer pour assurer l'exécution des dispositions qui précèdent.

Les membres du Gouvernement provisoire,

ALBERT, ARAGO, CRÉMIEUX, DUPONT (DE L'EURE), FLOCON, GARNIER-PAGÈS, LAMARTINE, LEDRU-ROLLIN, LOUIS BLANC, MARIE, MARRAST.

RÉPUBLIQUE FRANÇAISE.

Liberté, Égalité, Fraternité.

Le Gouvernement provisoire de la République arrête :

M. Cormenin est nommé membre du conseil d'État en service ordinaire.

Le ministre provisoire de la justice est chargé de l'exécution du présent arrêté.

Les membres du Gouvernement provisoire de la République,
DUPONT (DE L'EURE), ARAGO, DE LAMARTINE, CRÉMIEUX, LEDRU-ROLLIN, LOUIS BLANC, MARIE, GARNIER-PAGÈS, FLOCON, MARRAST, ALBERT.

Le ministre provisoire de la justice,
AD. CRÉMIEUX.

RÉPUBLIQUE FRANÇAISE.

Liberté, Égalité, Fraternité.

Le Gouvernement provisoire de la République arrête :
M. Achille Marrast est nommé procureur-général près la cour d'appel de Pau.

Le ministre provisoire de la justice est chargé de l'exécution du présent arrêté.

Les membres du Gouvernement provisoire de la République,
DUPONT (DE L'EURE), ARAGO, DE LAMARTINE, LOUIS BLANC, CRÉMIEUX, LEDRU-ROLLIN, GARNIER-PAGÈS, MARIE, FLOCON, ALBERT.

Le ministre provisoire de la justice,
CRÉMIEUX.

ÉTAT-MAJOR GÉNÉRAL DE LA GARDE NATIONALE.
Ordre du jour du 28 février.

L'ère de la République française vient d'être inaugurée par une de ces fêtes nationales qui témoignent en face du monde de la grandeur et de la puissance d'une forte nation.

Dimanche 27 février, à deux heures, les douze légions de Paris, représentées par deux bataillons de chaque légion, quatre légions complètes de la banlieue, la 13e (cavalerie), et les élèves réunis des écoles, ayant à leur tête tous les membres du Gouvernement provisoire, ont promené triomphalement le drapeau de la liberté autour de la colonne de Juillet, sur cette place de la Bastille où nos pères avaient jeté les germes de la fraternité humaine.

Les membres du Gouvernement provisoire, qui, en si peu de

jours, ont tant fait pour le présent et pour l'avenir de la patrie, ont été salués par l'enthousiasme populaire, le plus glorieux de tous les enthousiasmes.

La population parisienne n'oubliera jamais le spectacle imposant de cette masse d'hommes dont la moitié était composée de soldats improvisés par la victoire. Tous ces cœurs, que la corruption avait inhumainement et si longtemps opprimés, étaient animés par le même sentiment, le bien de la patrie, et dans leur bouche il n'y avait qu'un seul cri : *Vive la République!*

La garde nationale, qui était partie à deux heures de l'Hôtel-de-Ville, après s'être arrêtée à la Bastille, a défilé dans le plus grand ordre sur toute la ligne des boulevards. Le tambour battait aux champs ; la musique, par intervalle, chantait les hymnes patriotiques, et deux cent mille voix répétaient ces chants de liberté.

Merci à vous, peuple de travailleurs ; merci à vous, gardes nationaux, qui venez de conquérir une place importante dans l'histoire de l'humanité ; vous avez prouvé que l'ordre était une conséquence de votre victoire, et que toutes les garanties de la civilisation se trouvent sous le drapeau de la République.

Le général commandant supérieur,
DE COURTAIS.

Par ampliation :

Le chef d'état-major général,
A. GUINARD.

Circulaire de M. le ministre de l'instruction publique et des cultes, à MM. les recteurs des Académies.

Monsieur le recteur,

Il vous a été facile de pressentir que ma lettre d'hier, touchant le recrutement de l'École-Polytechnique, n'était qu'un détail d'un vaste ensemble. Je l'ai détaché et mis en avant pour faire honneur à cette École qui, en 1848, comme en 1830 et en 1815, a su remplir si héroïquement ses devoirs envers le peuple.

Il suffit d'ailleurs de remonter aux principes qui ont inspiré à nos pères la création de l'École-Polytechnique, pour trouver les sources générales qu'il importe aujourd'hui de faire jaillir dans toutes les branches de l'instruction publique.

Cette Ecole n'est pas seulement chère au peuple français par le patriotisme qui l'a toujours distinguée, mais par son institution qui est essentiellement démocratique. La main puissante de la Convention nationale y est empreinte.

Je ne mettrais pas tant de promptitude, monsieur le recteur, à vous communiquer ces vues générales du Gouvernement, si je ne prenais en considération la position particulière dans laquelle vous devez vous trouver en présence de l'animation que la proclamation de la République cause en ce moment dans toute la masse du peuple français.

Les conséquences d'une révolution faite au profit de tous par une cité généreuse ne sont nulle part mieux à découvert que dans le domaine de l'instruction publique.

Le coup d'œil sûr et rapide du peuple n'a eu besoin que d'un instant pour les apercevoir, et il importe que vous soyez en mesure de faire connaître autour de vous que le Gouvernement, sur ce point comme sur tous les autres, est à la hauteur de la République, et ne saurait être devancé par personne.

Les populations ne peuvent sentir aussi clairement qu'il le faut, combien la France est intéressée à la constitution républicaine, qu'en sachant tout ce que cette constitution lui assure. Il ne s'agit pas seulement dans notre révolution d'un déplacement du principe de la souveraineté, mais de toutes les conséquences légitimes de ce changement radical.

Il ne peut être question, en ce moment, des moyens d'organisation. Ces moyens doivent être mis à l'étude, et je prends des mesures pour qu'ils le soient dès à présent. Ma lettre n'est relative qu'aux principes qui forment aujourd'hui tous les gages de notre avenir, et le Gouvernement, plein de la force de ses intentions, n'hésite point à les donner hautement.

Les lois de l'instruction primaire nous sont toutes tracées dans les immortelles déclarations de nos pères. L'instruction primaire embrasse toutes les connaissances nécessaires au développement de l'homme et du citoyen.

La définir ainsi, c'est assez dire combien elle doit s'élever au-dessus de son état actuel. C'est assez dire aussi que la République ne saurait souffrir sans dommage qu'un seul de ses enfants en soit privé. Elle est donc gratuite dans toute son étendue.

Si l'on ne considérait que l'individu, cette instruction primaire devrait suffire. Mais la conservation et le perfectionnement d'une société qui, malgré tant de progrès accomplis, en voit encore tant devant elle, impose au ministère de l'instruction publique d'autres devoirs.

Il est nécessaire, dans l'intérêt de la société, qu'un certain nombre de citoyens reçoive des connaissances plus étendues que celles qui suffisent pour assurer le développement de l'homme. Ces connaissances sont indispensables au service de la société dans les directions nombreuses où leur besoin se fait sentir. C'est à quoi répondra, dans la République française, l'établissement de l'instruction secondaire.

La civilisation ne peut que gagner à ce que le nombre de ces hommes instruits soit aussi grand que les conditions générales de la société le permettent. Mais le Gouvernement ne peut se proposer, dans la distribution de cette instruction, que d'assurer à la République tous les hommes de ce mérite qui sont réclamés par les exigences de son service.

C'est pour atteindre ce but le plus parfaitement possible, que le gouvernement républicain, appliqué dans toutes ses actions à l'intérêt général, se propose de recruter ces agents si essentiels dans toute la masse du peuple.

C'est le seul moyen de donner à la République le personnel le plus capable auquel elle puisse prétendre.

C'est aussi le seul moyen d'assurer la vérité du principe que les fonctions publiques sont également accessibles à tous les citoyens : c'est un principe illusoire, si les moyens de s'élever à ces fonctions ne sont pas assurés à tous les enfants également.

Il faut donc veiller à ce que les portes de l'instruction secondaire ne soient fermées à aucun des élèves d'élite qui se produisent dans les établissements primaires. Toutes les mesures nécessaires à cet égard seront prises.

On ne saurait sans doute se dispenser de prévoir dans les programmes de l'instruction secondaire la diversité des fonctions auxquelles les élèves sont destinés. Mais le Gouvernement n'ignore pas combien il est essentiel à la France que tous soient liés par la solidarité d'une éducation commune, aussi libérale que le veut le caractère de généralité qui distingue le génie de la nation. Il tiendra la main à ce que les droits de l'unité soient maintenus aussi bien que ceux de la variété.

C'est dans les écoles supérieures seulement que le principe de la spécialité, prudemment préparé dans les autres, doit se dessiner tout à fait. L'accès aux leçons de ces écoles ne peut être défendu à personne ; mais c'est en vue des élèves dignes de servir aux intérêts généraux de la société qu'elles doivent être instituées. Il n'y a que la décision des examens qui puisse y conférer tous les droits.

Il serait superflu, monsieur le recteur, d'entrer ici dans le détail de mes vues sur ces diverses écoles, mon dessein n'étant en ce moment que de vous entretenir des principes les plus généraux de l'instruction publique. Je ne saurais cependant terminer cette lettre sans vous signaler un des devoirs nouveaux les plus considérables que la révolution qui vient de s'accomplir impose désormais à notre ministère.

C'est la formation des administrateurs et des hommes d'Etat, S'il est essentiel à la République de se créer des professeurs, des médecins, des artistes, des légistes, des officiers, des ingénieurs, il ne lui importe pas moins que ses hommes d'Etat et ses administrateurs, dans toutes les branches, soient formés aussi par une éducation spéciale.

D'ailleurs, sous le régime de l'égalité, il ne saurait y avoir d'autre titre aux fonctions publiques que le mérite. Il faut donc que ce mérite soit mis en demeure de se produire dès l'ouverture de la carrière, et qu'il en soit justifié publiquement par des examens.

Méditez ces principes, monsieur le recteur, faites les connaître comme étant ceux que proclame le nouveau gouvernement, et qu'il s'occupe de faire triompher. Je vous consulterai prochainement sur leur application. Elle est le sujet le plus instant de ma sollicitude, car il importe que la France soit aussi éclairée que possible à cet égard, au moment où elle entre dans la nouvelle voie constitutive qui s'ouvre devant elle.

Recevez, etc.

Le ministre provisoire de l'instruction publique et des cultes,

CARNOT.

Archevêché de Paris.
RÉPUBLIQUE FRANÇAISE.
Liberté, Égalité, Fraternité.

Paris, le 29 février 1848.

L'archevêque de Paris invite MM. les curés à se conformer aux ordres du Gouvernement, et à faire arborer le drapeau de la République sur les édifices religieux.

† DENIS, *Archevêque de Paris.*

Vu par le délégué de la République au département de la justice,

CAUSSIDIÈRE.

Épisodes et Anecdotes. — Faits divers.

Dans la journée du mercredi 23, au moment où la lutte venait de s'engager rue du Temple entre le peuple et les gardes municipaux, le général Perrot, suivi de ses aides de camp, franchit les barricades pour se rendre à l'Hôtel-de-Ville. Un des officiers qui l'accompagnaient ne put parvenir dompter son cheval; tous ses efforts furent vains; séparé de son général il essaya une dernière fois de le rejoindre en escaladant la barricade, le cheval se cabra et fit tomber son cavalier qui alla se heurter violemment contre le mur. Il fut alors immédiatement entouré par le peuple qui lui cria : « C'est bien fait ! tu n'as que ce que tu mérites; tu « fais ici acte de mauvais citoyen ! tu tires sur tes frères ! » « Mes amis, répondit le jeune homme, je suis plus à plain- « dre que vous ; j'obéis à mon général et mon devoir exige « que je le suive. » Ces paroles calmèrent la colère du peuple. « Il a raison, dirent-ils, il est plus malheureux que « nous. » Aussitôt les soins les plus empressés sont prodigués à cet officier, on l'aide à remonter à cheval et on l'engage à se retirer immédiatement. Ici comme partout, peuple et soldat, tout le monde avait fait son devoir.

Voici un fait qui prouve péremptoirement que le peuple sait réprimer lui-même les excès commis contre les personnes et contre les propriétés.

A la porte d'une ambulance improvisée rue Richelieu, pour les blessés, on a exposé deux cadavres d'hommes tués par les insurgés. Ces deux cadavres portaient l'un et l'autre sur la poitrine un écriteau où tout le monde lisait ce mot : VOLEUR !!

Dans la journée du 23, après la prise des Tuileries, un officier supérieur de la 4ᵉ légion de la garde nationale s'est rendu avec le peuple dans la partie du Château affectée à l'argenterie. — Quatorze plats d'argent ont été remis sur un certificat de M. Massart, économe, entre les mains du peuple et de l'officier dont nous venons de parler. Tous ces objets ont été fidèlement déposés à la mairie des Petits-Pères. Il en a été de même pour les diamants de la famille royale, que l'officier a fait porter à la mairie.

A la même heure, les appartements de l'état-major, occupés par le général Jacqueminot, furent envahis par des citoyens armés. Le général s'était enfui, mais si précipitamment qu'il n'avait pas eu le temps de se munir des valeurs et objets précieux qui se trouvaient dans cette résidence. Dans ces appartements, comme partout, le Peuple respecta les dépouilles des vaincus ; mais un homme de mauvaise mine, que l'on a su depuis être un libéré, n'imita pas son exemple. Ce misérable s'était emparé d'une somme de 80,000 francs en titres au porteur. Mais heureusement des citoyens l'arrêtèrent au collet. Deux hommes en blouse l'avaient déjà mis en joue.

— Point de justice sommaire, mes amis ! s'écria un élève de l'École Polytechnique ; laissez faire, le peuple aura aussi ses magistrats.

L'homme fut écroué à la Conciergerie, où il attend son jugement. Quant aux 80,000 francs, la République les tient à la disposition de M. le général Jacqueminot.

A la prise des Tuileries, le peuple trouva dans la chapelle de l'ex-reine un magnifique Christ sculpté. La foule s'arrêta et salua. « Mes amis, dit un élève de l'École, voilà notre maître à tous. »

Un officier prit le Christ et le porta solennellement à

l'église Saint-Roch. « Citoyens, chapeau bas ! saluez le Christ ! disait le peuple ; » et tout le monde s'inclinait dans un sentiment religieux.

Les diamants de la Couronne ont été, par les soins du peuple, transportés au Trésor.

Il existe, dans le Jardin des Tuileries, debout et en face du château, une statue représentant Spartacus, brisant ses fers.

Cette statue a été couronnée par le peuple d'un bonnet rouge, fabriqué avec des morceaux de lampas arrachés au trône brisé de Louis-Philippe, aux cris mille fois répétés de : Vive la liberté ! vive la République !

Le jeudi 24, au commencement de l'attaque du poste du Château-d'Eau, place du Palais-Royal, la compagnie de grenadiers de la 2e légion de la garde nationale, commandée par le capitaine Barère, escortant le général Lamoricière, venait prendre possession de ce poste, et elle était sans munitions, car il avait été convenu que les gardes municipaux allaient se rendre aux gardes nationaux ; mais le poste était attaqué par les insurgés et une vive fusillade était engagée des deux côtés. Le capitaine, sachant que sa compagnie n'avait aucune munition, hésitait à avancer ; alors un jeune enfant de Paris, âgé de 12 à 13 ans, se présente au capitaine et lui dit : « Je m'engage à faire cesser le feu des insurgés ou à me faire tuer si je ne puis y réussir. » D'un pas rapide, il parcourt le front des insurgés et les engage d'une voix énergique à cesser le feu. Au bout de quelques instants la fusillade s'arrête et le jeune enfant revient auprès du capitaine en lui disant : « J'ai tenu ma promesse. » En effet, il avait tenu parole ; il ouvrit sa chemise et montra son épaule fracassée par une balle.

Au moment de l'entrée du peuple aux Tuileries, des

jeunes gens avaient pris, dans les écuries de la rue Saint-Thomas-du-Louvre, une des voitures de Louis-Philippe, à laquelle ils avaient mis le feu. Cette voiture enflammée fut promenée dans la rue du Carrousel, et bientôt approchée des nouvelles boutiques construites dans cette rue. « Le feu aux boutiques ! » cria une voix, et la voiture fut poussée tout près des boutiques ; mais un courageux citoyen s'élança : « Mes amis ! mes amis ! leur dit-il, vous allez incendier le Musée ! » Et la foule d'applaudir et d'éloigner la voiture, qui fut conduite au milieu de la place du Carrousel.

Un garde national posait des factionnaires autour des Tuileries, dans l'après-midi du 24. Un homme se présente à lui et l'invite à venir prendre à son domicile de la vaisselle plate et du vermeil d'une valeur d'environ 3,000 fr., provenant du palais. Les exigences du service retinrent le garde national, qui ne put aller chez cet homme que le 26. Mais celui-ci n'avait pas voulu rester si longtemps chargé d'un semblable dépôt, et il avait remis ces divers objets au Trésor, qui lui en avait donné un reçu régulier.

Des individus se présentent chez un riche amateur et demandent des armes. Ce dernier leur montre des armes de luxe et anciennes, en leur permettant de les prendre. Quelques instants après l'un d'eux revient, et dit : « Monsieur, démanchez-moi ça : il y a des diamans sur la poignée ; je les perdrais, et je n'ai besoin que de la lame. »

Le général Athalin habitait le château du Palais-Royal. Il était pris d'un violent accès de goutte, lorsque le peuple, représenté par un groupe nombreux, se présenta à son appartement. Mme Athalin le reçut et lui expliqua l'état de santé de son mari : « *Je suis une fille du peuple*, dit-elle d'abord, et j'ai lieu de compter sur ses égards. » — « *Et une belle*, répondit un représentant, *fichtre!* » (Nous altérons un peu le texte : mais on nous excusera). En effet, Mme Athalin, fille d'un matelot, est une des plus belles personnes qu'on puisse voir. Elle conduisit la députation près du général; et non-seulement celui-ci reçut de ses membres les assurances les plus tranquillisantes, mais encore ils se réunirent pour le transporter dans une maison voisine, où il se trouva parfaitement en sûreté et entouré des soins dont il avait besoin. Mais cet épisode ne finit pas là : M. Laurent Athalin, neveu du général, survint et dit à nos braves : « Tout ce dont peut disposer en ce moment mon « oncle, est ici; cela se compose d'une somme de vingt-cinq « mille francs qui devient des plus nécessaires à sa famille; « et moi, j'ai six mille francs dans le secrétaire que voilà; « je désire que vous le sachiez. » Il est inutile d'ajouter que ces valeurs ayant été réunies et confiées aux mains des ouvriers, furent, à l'instant, portées au général, en présence de M. Laurent Athalin, qui prit possession de ce qui lui appartenait. Puis, on se sépara le plus amicalement du monde.

Un groupe d'hommes en blouse s'était porté chez Mme la duchesse d'Elchingen, pour demander des armes. Cette dame le conduisit à l'endroit où étaient les seules qu'elle possédât. « Je n'ai, dit-elle, que celles-ci; ce sont les pistolets et l'épée du maréchal Ney, que nous conservons comme de bien précieuses reliques pour notre famille. » A cet aspect, les délégués du peuple s'inclinèrent avec des marques de respect, et sortirent en déclarant qu'ils ne pousseraient pas plus loin l'investigation.

Chez M. Marrast et chez M. Baroilhet, des hommes du peuple ont refusé des armes trop riches. Ils ont également refusé, chez le comte de Ham, une épée qui avait un crêpe à la garde.

La fuite de Louis-Philippe a été marquée par un incident qui fait trop d'honneur à l'esprit de notre population pour que nous ne nous empressions pas de le recueillir. Au moment où l'ex-roi s'échappait des Tuileries par la poterne du pont Tournant, pour rejoindre la petite voiture qui l'attendait, il fut entouré par le peuple qui s'était précipité sur son passage ; le 2ᵉ de cuirassiers, qui stationnait sur la place de la Concorde, accourut pour protéger son évasion ; mais dans la situation des choses, il était impuissant à le soustraire aux vengeances du peuple ; cependant ce brave régiment qui, ne faisait pas et ne voulait pas faire usage de ses armes, s'efforçait de lui faciliter le passage : un officier, voyant le péril, s'écria : « Messieurs, épargnez le roi ! » A quoi une voix de stentor répondit de la foule : « Nous ne sommes pas des assassins ! qu'il parte ! — Oui ! oui ! qu'il parte. » Qu'il parte ! devint le cri général : le peuple avait été trop brave durant le combat pour n'être pas généreux après la victoire.

Jeudi 24, au moment où la lutte s'engageait sur la place du Palais-Royal, un jeune homme s'élance au milieu des combattants et s'écrie, avec l'espoir d'arrêter l'effusion du sang : « Louis-Philippe vient d'abdiquer ! » Ce jeune homme était le fils de l'amiral Baudin. Sa généreuse inspiration faillit lui coûter cher ; mais aussi, comme compensation, elle donna lieu à un autre acte de dévouement. Quelques individus ayant cru reconnaître le duc de Nemours dans ce jeune homme, tournèrent leurs armes contre lui : aussitôt trois gardes nationaux l'enlevèrent dans leurs bras et le mirent en sûreté dans les rangs de leur compagnie.

Un lieutenant des Invalides, M. Carrère de St-Grielde, muni d'une simple canne, passait dans la rue des Cinq-Diamants. Un jeune homme le couche en joue. « Mon ami, lui dit l'invalide, vous pouvez me tuer si vous voulez, je suis un enfant de la vieille. » Ce jeune homme relève son fusil et court embrasser l'officier en versant des larmes. Il le conduit à son père, qui, en voyant le vieil invalide, se jette à son cou et lui dit : « Ah ! Monsieur, j'aurais été bien malheureux si mon fils vous avait tué. »

Un des épisodes les plus remarquables et les plus émouvants de la journée du 24 a été celui-ci : Dans le quartier du Panthéon le peuple demandait à grands cris des armes ; un lieutenant de la 12⁰ légion pénètre à la tête de quelques gardes nationaux suivis d'une foule immense dans la caserne située rue du Foin et occupée par le 7ᵉ de ligne : le colonel de ce régiment s'avance pour engager le peuple à se retirer ; on veut se précipiter sur cet officier supérieur pour le désarmer ; et ce vieux militaire, qui a gagné tous ses grades à la pointe de son épée, verse des larmes de rage en se voyant dans l'alternative ou de subir l'humiliation dont on le menace ou de commander le feu sur le peuple.

Le lieutenant de la garde nationale, touché de la douleur de ce brave, s'écrie :

« Non, on ne vous désarmera pas, ou l'on me passera sur le corps ; mais vous, colonel, donnez-nous quelques fusils et des munitions ; on égorge nos frères, et nous voulons les secourir. »

Le colonel hésite un instant, puis il ordonne que l'on délivre à la foule douze fusils et quelques paquets de cartouches.

A peine s'est-il laissé arracher cet ordre, que, vaincu par les émotions si terribles et si rapides de cette scène, ce vieux militaire s'affaisse sur lui-même, frappé d'une espèce de coup de sang. On s'empresse autour de lui, on le relève ; le chirurgien major accourt, le saigne deux fois de suite, et il revient à la vie.

※

Le même jour, un ouvrier entre dans une maison et demande un morceau de pain ; on veut lui donner une cuisse de poulet et un verre de vin : —Non, répondit-il, du pain et de l'eau seulement ; je me nourrirai mieux quand je travaillerai, et ça ne sera pas long.

※

Le feu venait d'être éteint dans les cuisines des Tuileries, quand un ouvrier apporta à l'un des serviteurs du château une grande coupe ovale en argent massif qu'il avait retiré du feu. « Je n'ai pas le temps de garder cela, dit ce brave homme en s'en allant ; il faut que j'aille autre part et je la perdrais. »

※

Un placard, rempli d'injures grossières contre l'ex-roi, avait été affiché rue Richelieu, et excitait la curiosité de quelques passants. — Un grand peuple doit savoir respecter sa victoire, s'écria une voix partie de la foule. — C'est vrai, répond un homme en veste, le peuple est trop généreux pour souiller sa victoire. Et il déchire le placard, au milieu des murmures approbateurs des assistants.

❦

Parmi les traits d'héroïsme qui ont signalé la glorieuse matinée du 24, nous en citerons un qui est d'une simplicité antique.

Au moment où un bataillon de la ligne s'apprêtait à charger les défenseurs d'une barricade de la rue Saint-Honoré, un jeune homme s'élance tenant un drapeau tricolore à la main; debout sur une barricade, il roule le drapeau autour de son corps, et, s'adressant à la troupe: Oserez-vous maintenant faire feu? Les soldats, saisis d'admiration, s'arrêtent, déchargent leurs fusils en l'air et les livrent aux citoyens.

❦

—Dis donc, citoyenne, dit une femme de mauvaise vie, donne-moi ton bracelet d'or.
— Tenez, le voici, et laissez-moi passer mon chemin.
Deux ouvriers armés qui assistaient à cette demande *forcée* s'emparèrent de cette femme, la tuèrent immédiatement au cri de: *A mort les voleurs!* et ils rendirent le bracelet volé à la dame, confuse de tant de générosité!

❦

Une jeune fille assistait au dernier massacre de quelques gardes municipaux du poste de la place de la Concorde. Il ne restait plus qu'un de ces malheureux. — Mademoiselle, s'écria M. de V..., commandant des pompiers, vous pouvez sauver cet homme.
— Que faut-il faire? je suis prête.
— Jetez-vous dans ses bras et réclamez-le comme votre père.
La jeune fille se précipita au même instant dans les bras du garde municipal en pleurant et en s'écriant:
— Messieurs, au nom de Dieu, épargnez mon père ou tuez-moi avec lui!
Les fusils s'abaissèrent aussitôt, et le garde municipal, protégé par sa libératrice, fut sauvé.

On avait fait courir le bruit dans un des postes du 5me arrondissement que les prisonniers de la Roquette, prisonniers pour vols, avaient été mis en liberté, et qu'ils se disposaient à mettre le feu en se mêlant aux ouvriers. Il serait difficile de donner une idée de l'exaspération du poste, composé en partie d'ouvriers enrôlés dans la garde nationale mobile.

« Amis, s'écria un jeune menuisier républicain, il ne suffit pas de crier: *Mort aux tyrans!* il faut crier aussi: *Guerre aux voleurs! mort aux brûleurs!* »

Dix minutes après, on lisait en gros caractères, tracés à la craie, sur la porte du poste:

MORT AUX VOLEURS!
MORT AUX INCENDIAIRES!

Lundi 28, un homme fut signalé à plusieurs postes de la garde nationale comme marquant d'une croix certaines maisons qu'il désignait ainsi au pillage. On donna le signalement de cet homme, qui était vêtu d'une blouse blanche. Aussitôt plusieurs patrouilles se mirent sur les traces de ce bandit, et l'une d'elles le rencontra dans les rues qui avoisinent la rue Transnonain. On lui cria: Qui vive! et on lui intima l'ordre de se rendre dans les rangs de la patrouille. Cet homme s'approcha de l'officier, qui était en avant de sa troupe, et lui tira un coup de pistolet, qui heureusement ne l'atteignit pas. Aussitôt une décharge eut lieu, et le bandit tomba. Il avait été tué sur le coup.

A la prise des Tuileries, un homme du peuple ayant aperçu un buste de Louis-Philippe, prit sa ceinture, et, la mettant sur les yeux du buste : « C'est toi qui es aveugle! » s'écria-t-il.

Ces jours derniers, le peuple conduisait le gouvernement provisoire à l'Hôtel-de-Ville. Comme le cortége arrivait devant la caserne d'Orsay, un dragon vint offrir un verre de vin à

M. de Lamartine. M. de Lamartine, portant le verre à ses lèvres, s'écria : « Messieurs, c'est le banquet ! » Ce mot si heureux fut couvert de bravos.

※

Au Carrousel, au moment où les gardes municipaux venaient de cesser le feu, quelques hommes, exaltés par le combat, voulaient faire main-basse sur ces malheureux instruments du despotisme ; mais bientôt l'exaltation des vainqueurs fit place à des sentiments de concorde. « On a tué mon frère au Palais-Royal, criait un citoyen, il faut que je tue quelqu'un ! — Si tu tues quelqu'un, répondit un garde national, ce sera ton frère aussi ! » Ce mot sublime anéantit tout sentiment de vengeance.

※

Parmi les papiers recueillis dans le cabinet de Louis-Philippe, on a trouvé une lettre confidentielle dans laquelle le préfet d'un de nos principaux départements écrivait : « Sire, je donne un bal en l'honneur de votre noble résistance ; faite comme moi, sire, *faites-les bien danser.* »

※

Dans la journée du 25, une bande armée a parcouru le faubourg Saint-Germain et a brisé 47 mécaniques dans 14 maisons d'imprimerie. Cet aveugle attentat contre la propriété et contre la liberté a excité une réprobation universelle.

※

Des hommes du peuple avaient sommé un officier de la ligne de leur rendre son épée. Il la brisa sur son genou et leur en remit les morceaux.

※

Une semblable sommation fut faite à un lieutenant de la garde municipale : Lieutenant, votre épée, et criez *vive la République !* — Le lieutenant garde le silence. — La sommation lui est renouvelée dans les mêmes termes. — Le lieutenant reste encore impassible, bien qu'un canon de fusil fût dirigé sur sa poitrine. — Votre épée et *vive la Ré-*

publique ! lui crie-t-on pour la troisième fois. Il retire son épée du fourreau, la remet aux hommes du peuple, et crie *vive le roi !* Ce sang-froid désarma la fureur populaire. En France le courage est un bouclier. Tout noble sentiment est sympathique.

❧

ASPECT DE LA PLACE DE L'HOTEL-DE-VILLE. Cette note, communiquée par un témoin oculaire, est assez intéressante, en ce qu'elle se rattache à l'endroit où fut proclamé le Gouvernement provisoire.

Le mardi soir 22, la place fut occupée par un détachement de garde municipale à cheval, qui y campa une partie de la nuit. Cette nuit fut assez calme.

Le mercredi, la place fut entièrement garnie de soldats de la ligne, dragons, garde municipale à cheval, artillerie, chasseurs d'Afrique et garde nationale à cheval. Ces troupes y séjournèrent toute la nuit. La plus vive agitation régnait parmi ces soldats, qui paraissaient être vraiment à un bivouac. Vers une heure du matin, on entendit dans les environs une fusillade effrayante qui dura quelques heures. La pluie et le vent étaient très-froids. Les soldats allumèrent un grand nombre de feux. Il était vraiment curieux de voir tous ces hommes rangés autour des amas de bûches embrasées. La troupe de ligne et les chasseurs, assis sur leurs sacs, mangeaient et fumaient paisiblement leurs pipes. A la lueur de ces flammes, les dragons, enveloppés de leurs longs manteaux blancs, ressemblaient à de grands fantômes. Toute cette troupe, ce feu qui se reflétait sur la façade de l'Hôtel-de-Ville, et le vent, qui enlevait des flammèches de tous côtés, donnaient à cette scène un aspect imposant qui inspirait la terreur et l'effroi.

Le jeudi matin, la garde municipale quitta son corps-de-garde, et rentra dans l'Hôtel-de-Ville. La place resta occupée par les autres troupes, parmi lesquelles se trouvait un assez grand nombre de cuirassiers. Ils avaient avec eux des caissons contenant les outils nécessaires pour ferrer leurs chevaux, et ils exécutèrent même cette opération en attachant leurs chevaux à une diligence enlevée des barricades.

Tout-à-coup, vers une heure, toute la troupe disparut. On vit la place de l'Hôtel-de-Ville envahie par le peuple et quelques gardes nationaux. La troupe avait abandonné les canons et les caissons; aussitôt le peuple en retira une énorme quantité de pains et d'autres vivres. Ceux qui s'éloignaient emportaient toutes ces provisions au bout de la baïonnette de leur fusil. La place était couverte d'une foule immense; le peuple montait sur les caissons et sur les chevaux de la troupe; dans cette foule on remarquait des femmes le sabre à la main : hommes et femmes étaient vêtus de costumes les plus bizarres ; plusieurs étaient coiffés de bonnets rouge ou de shakos militaires.

Le peuple fit ensuite ouvrir de force les portes de l'Hôtel-de-Ville, et la garde municipale qui y était cachée prit la fuite au milieu d'une décharge dirigée sur elle. Un grand nombre de municipaux furent tués ou blessés. Quelques chevaux tombèrent également. Le lendemain ils étaient coupés en morceaux et convertis en beefteacks. Dans la même journée on vit brûler les bureaux du pont d'Arcole et celui de la place des voitures.

Lorsque la République fut proclamée, on entendit pendant plusieurs jours encore de nombreux coups de fusil tirés en l'air en signe d'allégresse. Par moments même il y avait de si fortes décharges, que la foule s'enfuyait de tous côtés, croyant entendre le combat recommencer. En se sauvant, beaucoup de personnes étaient renversées, et, vues des fenêtres donnant sur la place, elles paraissaient tomber atteintes de coups de feu. On vit passer ensuite beaucoup d'hommes coiffés ou couverts d'objets de toilette ou d'étoffes de meubles. Ils venaient, disait-on, du palais des Tuileries.

Pendant trois soirées le peuple fit illuminer toutes les fenêtres. Après avoir vu le mouvement qui agita cette place pendant plusieurs jours, on ne comprend pas comment aujourd'hui le calme ordinaire a pu y renaître. Et cependant l'âme de la nation réside dans l'intérieur de l'Hôtel-de-Ville, devenu les Tuileries de la révolution. Quel rêve !

Les Gamins de Paris.

— Dis donc, Panotet, au lieu d'aller à la mutuelle, si nous allions aux Champs-Élysées?
— Pourquoi faire?
— Pour l'émeute.
— Mais ça n'est que demain?
— Je sais bien que c'est demain là représentation, mais j'ai jamais vu de répétition générale, et je serais pas fâché de profiter de l'*occase*.

***

La grande question du péage des trois ponts a été tranchée brutalement par une cinquantaine de gamins qui passaient tranquillement le mardi et le mercredi sans déposer le sou de rigueur.

Un invalide disait : Ils sont bien fiers, *aujourd'hui*.

***

Un mot donne souvent mieux que de longues phrases la mesure d'une situation.

« Citoyen, demandait à un capitaine de la garde nationale un vrai gamin de Paris, un de ces enfants qui se jettent à la gueule du canon dans les rues et deviennent plus tard des héros sur le champ de bataille,

« Citoyen, pourriez-vous me dire si l'on a des nouvelles
« de Louis FILE-VITE? »

Doutez donc de la raison d'un peuple qui se venge avec un calembourg!

— Ah çà! en définitive, où se donne-t-il ce terrible banquet pour la réforme?
— Est-ce chez le général Thiard?
— Non.
— Est-ce chez le carrossier de la rue Pépinière?
— Non.
— Est-ce au Jardin d'Hiver?
— Non.
— Alors c'est dans l'ancienne usine de la rue de Chaillot?
— Non.
— Non! non! Il aura pourtant lieu quelque part?
— Sans doute.
— Mais où donc?
— *En Italie!*

Le 24, au moment où le peuple travaillait activement à la construction des barricades, un orage violent éclata sur Paris. Un gamin, qui gardait l'une d'elles, rue Richelieu, éleva alors son sabre en l'air, en criant: « Mes amis, Dieu est pour nous, il nous envoie des rafraîchissements. »

Au milieu des coups de fusil qui ont retenti dans cette grande semaine, il s'est passé quelques scènes assez gaies, comme il arrive toujours en France.

Un vrai gamin de Paris voit arriver un aide-de-camp: il se fait la réflexion qu'il irait plus vite avec les quatre jambes du cheval qu'avec les deux siennes. Aussitôt, il saute en croupe, met l'aide-de-camp par terre en lui disant poliment:

« Mon colonel, donnez-vous la peine de descendre. » Et il se sauve au galop.

Mon Dieu! que les gamins ont eu d'esprit, et qu'ils ont été drôles et grands comédiens! Le 24, nous avons vu deux de ces philosophes-là s'arrêter devant un pauvre vieux tout chauve pour l'aider à passer sur une barricade.

— Vois donc un peu, dit le premier au second en lui montrant le vieillard, comme le peuple était malheureux sous l'ancien gouvernement! on n'avait pas même de cheveux!

— Qui paiera les dégâts inévitables des boulevards?
— La liste civile, morbleu !
— Elle a de quoi, disait un officier de la garde nationale.
— Tope pour ça, criait un gamin.

❈

—Dis donc, Parisien, nous avons adopté le drapeau qui a fait le tour du monde, couvert de gloire.
— Et pourquoi pas le rouge ?
— Parce qu'il n'avait fait que le tour du Champ-de-Mars dans le sang du peuple.

❈

— Dis-donc, Vise-à-l'OEil, nous gardons le Coq gaulois de la République.
— Et pourquoi, Parisien ?
— Parce qu'il donne à la France la poule au pot d'Henri IV.

❈

—Dis, petit, où donc est le roi?
— Il est à *Eu*.
— Qu'il y reste, j'aime mieux qu'il soit à *Eu* qu'à nous.

❈

Le 29 février, un crieur vendait sur les boulevards un chant politique. Tout-à-coup un gamin lui dit : « Prenez garde ! voilà des sergents de ville qui passent ! »
Le crieur prit ses jambes à son cou, sans réfléchir à la mystification, et comme poussé par la force de l'habitude.
L'anachronisme de cette peur égaya tous les passants.

❈

Dans le quartier Saint-Martin, plusieurs gamins s'occupaient activement à la construction d'une barricade, lorsque survint une patrouille de la ligne. L'un de ces gamins s'approche, en se découvrant, de l'officier qui commandait la patrouille, et lui dit avec vivacité : « Lieutenant, ne nous attaquez pas encore, ce ne serait pas brave; vous voyez que nous ne sommes pas en mesure de nous défendre. » L'officier le regarde, sourit, fait défiler ses troupes et ne revient pas.

Mosaïque.

Le duc de Bordeaux.

Nous empruntons cette profession de foi à un nouveau journal intitulé : *la Voix du Peuple*.

Les membres du gouvernement provisoire ont déclaré que le gouvernement actuel était le gouvernement républicain, mais que la Nation serait appelée immédiatement à ratifier par son vote la résolution du gouvernement provisoire et du peuple de Paris.

La France entière va donc être appelée à dire tout haut et librement son opinion.

En attendant cette grande et solennelle épreuve, tout citoyen doit rester l'arme au bras, aussi calme dans son attitude qu'il a été prompt au combat et généreux après la victoire; mais il doit surtout ne pas chercher à gagner des partisans pour l'adoption de telle ou telle forme de gouvernement et à forcer des opinions timorées ou chancelantes.

Quand sera venu le jour où la France devra manifester sa volonté par un vote général, il sera temps de choisir, et la majorité fera loi.

Cependant des hommes se sont répandus, dit-on, dans la commune de Montmartre, pour faire signer une grande pétition en faveur du duc de Bordeaux, et préparer une monarchie nouvelle.

Au nom de la Liberté proclamée du haut des barricades, l'exilé de Juillet a pu tourner les yeux vers la France et peut-être a-t-il rêvé le rétablissement de son trône. Si cette pensée lui est venue, il doit, Français soumis aux lois de son pays, attendre la manifestation des vœux de la France demander une monarchie; il a le droit de se présenter à l'élection du peuple; mais si la monarchie est bannie à tout jamais du sol de la Liberté, il faut qu'il détourne ses yeux de la France républicaine; et, renonçant pour toujours, au trône vermoulu de ces ancêtres, qu'il respecte le vœu de la Nation.

C'est au prix de ce sacrifice, immense sans doute, mais impérieux pour tout cœur français, qu'il se fera pardonner le tort de sa naissance.

Lettre de la duchesse de Berry à la duchesse d'Orléans [1].

Comme vous, madame, je quittai un jour le palais de mes pères, pour m'asseoir sur les marches du trône de France. La patrie que je laissais derrière moi était belle, et pourtant je ne la regrettais pas; celle qui m'attendait me paraissait plus belle encore. Comme mon cœur battit lorsque les côtes de France surgirent à l'horizon! Je venais à peine de mettre le pied sur le sol français, et déjà je n'étais plus étrangère. De Marseille à Paris, ce ne fut pour moi qu'un long enivrement. Le souvenir de ces beaux jours me remplit encore de joie et de tristesse. L'amour d'un peuple comme le peuple français est le plus beau de tous les amours, on ne se console jamais entièrement de l'avoir perdu!

Reine de France! voilà le sort qui m'attendait. Ces mots seuls remplissaient ma vie d'une ivresse perpétuelle. J'aimais les arts et les plaisirs avec l'entraînement d'un cœur jeune, la vivacité d'une tête méridionale. Peinture, musique, chant, danse, je passais sans cesse de l'un à l'autre de ces enchantements. Avant d'être la reine de France, j'étais la reine des artistes, des jeunes femmes riches et élégantes, des poëtes, des galants cavaliers. Je m'appuyais sur l'aristocratie du plaisir; et si parfois quelque bruit lointain de tempête populaire retentissait à mon oreille, je me disais que la meilleure manière de dissiper l'orage était de faire le bien.

Vous l'avez connu ce charme de régner, d'être flattée, de

---

[1] Les deux lettres qui suivent sont dues à la plume spirituelle d'un des rédacteurs du *Charivari*.

faire des heureux. Vous savez aussi par quels coups terribles et imprévus on achète ce bonheur.

Moi aussi, j'ai pleuré sur le cadavre sanglant d'un mari adoré; moi aussi, pauvre veuve, j'ai pris le chemin de l'exil, tenant un orphelin par la main, n'emportant de tant de biens abandonnés que le souvenir et l'espérance !

Le souvenir me reste seul ; j'ai laissé l'espérance en chemin. Lambeaux par lambeaux se sont évanouies mes illusions : une moitié dans les landes de la Bretagne, l'autre moitié aux murs d'une citadelle. J'ai trouvé quelques amis et pas de partisans. Heureux encore ceux qui ont des amis !

Où irez-vous maintenant isolée, et comme étrangère entre vos deux familles? Venez auprès de moi ; la veuve offre un asile à la veuve, la mère à la mère. Votre fils servira d'exemple à mon fils, et à son tour, il instruira le vôtre. Mais non, puisqu'il est encore assez jeune pour l'oublier, ne lui dites jamais qu'il devait être roi; ce mot le condamnerait à la solitude, à l'oisiveté, à l'impuissance; vous tueriez sa jeunesse dans sa fleur, vous voueriez son âge mûr à la stérilité, sa vieillesse au désespoir. Filles et femmes de rois, demandons au ciel que nos enfants puissent être des hommes.

Ne sentez-vous pas dans l'air un souffle de grandeur et de magnanimité? Un mystérieux printemps fait refleurir les âmes. La réconciliation et l'oubli poussent les peuples dans les bras les uns des autres. Pourquoi, nous aussi, n'aurions-nous pas la fraternité et l'égalité du malheur? Venez me rejoindre sans crainte, c'est une amie, une sœur, presque une mère qui vous attend.

Toutes les deux, nous parlerons de la France, mais tout bas, de peur que nos enfants nous entendent. Vous me raconterez les fêtes de votre arrivée, vos impressions de jeune épousée, votre orgueil de mère quand le canon des Invalides et la cloche de Notre-Dame ont annoncé au monde la naissance de l'enfant sorti de votre sein ; vous me parlerez du Louvre, de Saint-Cloud, de Versailles, de Trianon, palais, jardins, musées, vers lesquels ma rêverie s'envole quelquefois. Vous me ferez ressouvenir, et plus tard je vous apprendrai comment on oublie.

Acceptez mon offre, madame, et venez habiter mon château des environs de Vienne, c'est la seule place qui convienne à vos enfants : vous vivrez entre la tombe du duc de Reichstadt, et la résidence de la fille de Louis XVI.

MARIE-CAROLINE.

Le comte de Chambord à Louis-Philippe.

Mon cher Oncle,

Vous prétendiez que le peuple de Paris avait abdiqué en votre faveur ; il paraît, mon cher oncle, que l'acte n'était pas revêtu de toutes les formalités nécessaires. La signature y manquait.

J'étais bien jeune lorsque vous vous assîtes sur le trône qui m'était destiné ; mais on m'a raconté bien des fois depuis ce qui s'était passé à cette époque qui signala la chute de ma famille et la mienne ; entre les deux dates je ne vois pas la moindre différence. Qu'avez-vous donc fait de votre expérience, mon cher oncle ?

Vous vous êtes fait chasser, le mot est juste, chasser du jour au lendemain, sans rémission, sans espoir de retour. La veuve de votre fils aîné, elle aussi, a montré un orphelin au peuple, et le peuple lui a dit, comme autrefois à ma mère : « L'heure est passée ! » Vous avez entendu retentir à votre oreille ces mots terribles : « Il est trop tard ! » Vous êtes tombé, et personne n'a fait votre oraison funèbre. Ma famille du moins reçut les derniers adieux d'un poëte, et Châteaubriand laissa tomber sur sa ruine les fleurs de son éloquence.

Qu'avez-vous donc fait sur le trône pendant ces dix-huit années pour que personne ne vous regrette ? Quelques larmes autrefois coulèrent pour nous, de nobles dévouements nous suivirent ; mais vous, vous prenez la route de l'exil, seul, triste, sans ce consolant cortége de la fidélité, plus beau mille fois que la pompe des cours. Vingt-quatre heures après votre départ vous étiez oublié. Avouez que cela ne fait point votre éloge. Et ce troupeau de fonctionnaires qui vous exaltait, qui vous déifiait presque, qu'est-il devenu ? Votre maréchal-général Soult a-t-il quitté sa somptueuse résidence pour vous suivre ? Votre favori Montalivet s'est-il jeté à vos genoux pour vous supplier de lui laisser partager votre mauvaise fortune ? Et tous les autres, dont le nom m'échappe, ont-ils donné leur démission comme un dernier témoignage de sympathie et de dévouement? Personne ne refuse de servir le nouveau gouvernement, au contraire. Est-ce que les hommes politiques, enrôlés sous votre bannière, ne comprennent, en fait de fidélité, que la fidélité à leur traitement?

Si vous avez du cœur, mon cher oncle, vous devez être bien malheureux, et je vous plains sincèrement. Qu'allez-vous faire maintenant pour charmer les loisirs de la retraite? Quelles sont les grandes choses que vous avez accomplies pour les écrire? Vous rédigerez vos mémoires sans doute; mais si c'est là une noble distraction de héros, c'est aussi une mince consolation de roué. Napoléon pouvait se complaire à retracer sa vie dans ses mémoires, quel plaisir cela a t-il pu procurer à M. de Talleyrand?

Vous êtes trop vieux pour enseigner la géographie, et d'ailleurs vous paraissez l'avoir oubliée depuis longtemps, si j'en crois votre système politique. On dit, il est vrai, que vous n'avez nullement besoin de recourir à ces expédients, et que vous pouvez vivre sur vos économies. Tant mieux! à votre âge, il est bon de goûter les douceurs du repos. Jouissez-en donc, si le remords d'avoir fait couler le sang n'empoisonne pas votre vieillesse.

Prétendants octogénaires, et jeunes prétendants, notre rôle est bien fini. La République a définitivement vaincu la monarchie, résignons-nous de bonne grâce, C'est là ce que je vous souhaite en finissant. Sans rancune, mon cher oncle, ma famille vous pardonne une seconde fois. Branche aînée, ou branche cadette, un gamin de Paris l'a dit en sortant des Tuileries : « La France ne veut plus se raccrocher aux branches. »

Comte de CHAMBORD.

Le vol à la Révolution.

Que le lendemain d'une révolution la foule des ambitieux et des avides monte à l'assaut des places, cela n'a rien qui doive surprendre. Que le gouvernement pris à l'improviste fasse des choix bizarres et même quelquefois mauvais, il ne faut pas s'en affliger. La lumière finit par éclairer ce chaos, on répare les brèches faites par surprise à l'administration, les incapacités disparaissent; et si quelques babiles et quelques audacieux font consacrer leur usurpation par le talent, on ne doit pas pousser trop loin le scrupule à cet égard.

Il y a sans doute des moments où il est dangereux de décourager l'ambition. C'est une fausse honte et une dangereuse modestie que de se tenir à l'écart lorsque les circonstances exigent le concours de toutes les facultés ; mais le gouvernement doit savoir que les caractères les plus honnêtes, les capacités les plus vraies se défendent mal contre cette modestie. L'ambition est mêlée de pudeur dans les cœurs bien placés, et tel qui brûlerait d'offrir son dévouement à la chose publique redouterait d'avoir l'air de l'imposer. C'est pourtant parmi ces citoyens que sont les appuis les plus solides et les plus réels de la patrie. Le devoir du gouvernement est d'aller au-devant de la loyauté et du désintéressement. Se servir de tout ce que l'on trouve sous sa main est la nécessité d'un instant ; le gouvernenement doit maintenant réfléchir. Félicitons-nous qu'il en soit déjà temps.

Une caricature de 1830 demandait :
« Pourriez-vous me dire ce que sont devenus les légitimistes pendant les journées des 27, 28 et 29 ? »
Ne pourrait-on pas demander avec autant de raison :
« Qu'est devenu le parti dynastique les 22, 23 et 24 février ? »

Plusieurs personnes ont raconté que le peuple étant entré aux Tuileries, s'était empressé de descendre dans les caves du château afin de pouvoir déguster le vin de l'ex-roi. Le fait est, dit-on, inexact ; quelques gamins ont, en effet, essayé de goûter ce vin, mais ils l'ont rejeté immédiatement, le trouvant trop mauvais. Nous donnons toute créance à cette dernière version, car personne n'ignore que jusqu'à ce jour, le peuple souverain n'a pas permis que le vin du château puisse vieillir.

La tourbe éhontée des solliciteurs qui viennent aujourd'hui recueillir le fruit d'une victoire dont ils sont bien innocents, a donné lieu au mot suivant, qu'on attribue à M. Cormenin.

« Citoyens, a dit Timon à ses amis du gouvernement provisoire, si vous laissez faire les hommes de la veille, le Peuple de Février sera bientôt réduit à *la portion qu'on gruge.* »

Dans la matinée du 23 février, un détachement d'un régiment de ligne, commandé par un capitaine, se trouvait en station de surveillance à la porte d'un passage du quartier du Palais-Royal. Un citoyen réformiste s'efforçait de les gagner à la bonne cause, et fraternisait avec eux une bouteille d'eau-de-vie à la main. Après en avoir versé un verre à chaque homme du poste, l'honnête propagandiste voulut récidiver :

— Assez ! lui dit alors le capitaine.

— Mais il y en a une seconde bouteille, reprit avec instance le patriotique distributeur.

— Assez, répliqua plus sérieusement le brave officier: je ne veux pas que mes hommes s'enivrent, moi.

Pas de mots, mais des choses.

Les titres sont supprimés : ce n'étaient que des mots.

On rétablit, par ordre, l'allocution de *citoyens*. Des mots, rien que des mots !

Nous n'avions pas de titres, nous n'en avions jamais demandé.

Mais nous demandons la liberté de dire *monsieur* à qui bon nous semblera, et cette liberté, nous la prendrons. Il n'était pas défendu, sous la monarchie, de haranguer une assemblée en appelant les assistants *citoyens* ; pourquoi la république défendrait-elle l'allocution de *messieurs*?

Admettons même que la monarchie eût défendu le *citoyen* : faudrait-il que la république suivît les errements de la monarchie? Faudrait-il que je fusse aveugle parce que mon voisin est borgne? Je le répète, si M. Caussidière, délégué provisoire à la préfecture de police, ne veut pas nous donner plus de libertés que M. Gabriel Delessert, son prédécesseur, la république n'est qu'un habit retourné fait de la même manière.

Nous sommes Français, c'est-à-dire des hommes libres, polis et universels. Notre loi est le bon sens, nous n'en reconnaîtrons jamais d'autre, car le bon sens c'est la liberté constituant l'ordre.

Que ceux qui veulent s'appeler citoyens usent de la liberté comme ceux qui désirent rester des messieurs. Imposer un mot, une domination quelconque, c'est imiter un culotteur de pipes qui voudrait empêcher un camarade de fumer un cigare, parce qu'il le trouve, lui, détestable.

Un râtelier en dent d'hippopotame, pivotant sur des fermoirs d'or, a été trouvé par Antony Thouret dans la cour des Tuileries. Ce citoyen s'empressa d'aller déposer cette dépouille opime au corps de garde le plus proche.

—Mon ami, dit-il au chef de poste, l'Évangile recommande de rendre à César ce qui appartient à César. On ne peut se méprendre sur la nature de cet ustensile. Veillez, je vous prie, à ce qu'il soit rendu aux mangeurs du budget, dont il était le bien.

Les conservateurs travaillent maintenant à devenir *des conservés*.

Sur la barricade élevée à l'entrée du faubourg Montmartre, on remarquait un drapeau criblé de balles et qui portait cette inscription : *Pris à la garde municipale dans la journée du 24.*

Le 24 février, pendant que les citoyens victorieux, après s'être emparé du trône de Louis-Philippe, le portaient en triomphe à la place de la Bastille pour le brûler, un jeune ouvrier s'est écrié : « Voici la première fois que le trône s'appuie sur le peuple ! »

Le 25 deux gardes nationaux mobiles se promenaient sur le boulevard Poissonnière.

— Quel malheur qu'on ait abattu ces beaux arbres, disait l'un ; il faudra longtemps pour en avoir de pareils.

— Bah ! laisse donc, si le peuple le veut, demain il y en aura.

— Allons donc !

— Il n'y a pas d'allons donc. Il n'y a qu'à planter des arbres de la Liberté, ça pousse comme des champignons.

⁂

Un mois après la chute du dey d'Alger, Charles X perd sa couronne.

Un mois après la prise d'Abd-el-Kader, Louis-Philippe, défendu par cent mille hommes, quitte son château des Tuileries et part pour l'exil.

⁂

Le fils de Charles X, le duc de Berry, est mort tragiquement.

Le fils de Louis-Philippe est mort également d'une manière tragique.

⁂

Nous devons remarquer en outre que les journées de Juillet, comme celles de Février, ont eu lieu *mardi, mercredi et jeudi*.

⁂

Comme Charles X, Louis-Philippe a abdiqué en faveur de son petit-fils, et, ainsi que les vainqueurs de Juillet, les combattants de Février ont répondu : « *Il est trop tard.* » Niez donc maintenant le doigt de Dieu !

⁂

Deux jours après la nomination de Louis-Philippe en qualité de roi, un effroyable orage éclata sur Paris ; un orage aussi terrible a eu lieu, le vendredi, *deux jours après* la déchéance de ce prince.

⁂

Le *Charivari* pense qu'une simple remarque prouvera plus que mille commentaires combien les rois sont morts et bien morts.

En 1793, le premier roi renversé a inspiré des inquiétudes : on lui a ôté la vie.

En 1830, le second roi chassé a été reconduit jusqu'à la mer, et on ne l'a pas perdu de vue qu'il ne se fût embarqué.

En 1848, la population est envers le roi expulsé d'un dédain sublime : on ne s'en occupe pas.

Le roi s'en va où bon lui semble, on ne regarde pas où il va, on ne s'assure même point s'il s'en va.

Quelques jours après, les uns racontent qu'il est mort; on répond : « Ah ! » D'autres assurent qu'il se porte bien; on répond encore : « Ah ! » Et personne ne cherche à s'assurer si réellement il vit ni où il vit. On ne s'en inquiète pas plus que s'il n'avait jamais vécu.

Est-il possible de supprimer plus complétement et avec plus de générosité un roi et toute une dynastie ?

Suivez la dégradation.

Le mouvement de 89 a duré trois ans.

Celui d'où est sortie la Restauration a duré trois mois.

La Révolution de 1830 a duré trois jours.

La Révolution de 1848 a duré trois heures.

Heureusement il n'y a plus de révolution possible; car, vu la proportion dans laquelle la force du peuple s'accroît, cette révolution serait accomplie en trois minutes.

❦

Chose bizarre ! M. Duchâtel exhumait une loi de 1790 pour comprimer la révolution : la France a repris toutes les lois de 1790 pour détruire ce que soutenait M. Duchâtel.

❦

On a brûlé le trône au pied de la colonne de Juillet; la République naissante y brûle aussi l'échafaud.

❦

Le 29 février, le commissaire délégué de la République au département de la police, le citoyen Caussidière, recevait les détenus politiques dont les fers ont été brisés par notre révolution. Au moment où il finissait sa patriotique allocution à ces victimes de la liberté, il aperçut Martin-Bernard, un des combattants des 12 et 13 mai. Il s'approcha de lui, l'embrassa et lui dit en lui serrant la main : « Mon ami, que viens-tu chercher?—Ma surveillance, » répondit en riant le patriote.

DANS UN SALON LÉGITIMISTE. — Vicomte, est-il bien vrai qu'on brise l'échafaud?
— Oui.
— Ma foi, ces gens-là sont assez comme il faut...

Une foule considérable de citoyens s'est portée chez Béranger afin de lui offrir une couronne civique. Le grand poëte qui, dans la modestie de son cœur, n'avait pas prévu cette ovation, était absent ce matin-là. A son retour, il trouva la couronne sur la table de son cabinet; Il y avait, en outre, les mots suivants en forme d'inscription :

« *A un grand Citoyen, soldat de la Liberté*
et Prince de la Poësie. »

Sous MM. Guizot et Duchâtel nous avions peu d'amour du roi, mais plusieurs petites lois d'amour. Sous la République, nous aurons, il faut l'espérer, l'amour de la loi.

HISTOIRE ANCIENNE : LA POPULARITÉ.—Si Marlborough s'en allait t'en guerre, un prince, second fils de roi, s'en allait souvent t'en chasse.

Or, l'été dernier, la municipalité de Compiègne ayant appris qu'il devait y avoir chasse à courre dans la forêt, fit organiser aussitôt un grand bal à l'Hôtel-de-Ville, espérant que le Nemrod royal daignerait y assister.

Le prince fit plus... il *daigna* danser, et comme il devait *par ordre* se montrer très-aimable et très-populaire, il invita la fille de M. le maire, et prit place à un quadrille.

Le prince dansait du bout des pieds, et à la pastourelle il n'avait pas dit encore un mot à sa danseuse

Grand désobéissant, va !

La jeune fille prit son courage à deux mains :

— Il me semble, balbutia-t-elle, que je n'ai pas eu l'honneur de voir ici *monsieur* le duc d'Aum...?

— Mademoiselle, interrompit le cavalier d'un ton sévère, quand on parle d'une personne du *sang* royal, on dit : *Monseigneur*.

La jeune fille rougit et baissa les yeux. La contredanse terminée, un essaim de jeunes filles vint féliciter l'heureuse privilégiée.

— Eh bien ! qu'a-t-il dit ? s'écria-t-on de toutes parts.

— Oh ! mon Dieu ! il m'a fait entendre d'un seul mot qu'il n'avait pas le *sang* commun.

***

Louis-Napoléon Bonaparte est venu du fond de l'exil apporter son épée au service de la république naissante. En le voyant entrer à l'Hôtel-de-Ville, M. Armand Marrast, membre du Gouvernement provisoire, a dit :

« La France accepte cette épée si elle est celle d'un soldat ; elle la rejetterait si c'était celle du petit caporal. »

***

Un haut personnage a dit aussi son mot sur la chute de Louis-Philippe :

« Ce n'est pas à Londres que le roi bourgeois devrait émigrer, c'est à Villejuif. »

***

Le 28 février, une scène a vivement ému les personnes qui y assistaient. Le général Courtais, en passant l'inspection, a remarqué un garde national en bonne tenue, ayant le sabre à la main. — « Vous n'avez donc pas de fusil ? lui dit le général. — Non, et je n'en porterai pas. — Et pourquoi cela ? — Est-ce que tu ne vois pas que je n'ai qu'un bras ? — Et où donc avez-vous perdu l'autre ? — A Leipsick, tu le sais bien, nous y étions ensemble. » Le général le regarde fixement et lui saute au cou ; il a reconnu son ancien camarade, le général Baraguay-d'Illiers. Le général Courtais a complimenté la compagnie de la première légion de compter dans ses rangs un pareil soldat.

Un fait assez curieux a signalé la réception de certains fonctionnaires de la préfecture de police par M. Caussidière. Parmi les commissaires qui se présentaient devant lui pour recevoir des ordres de service, il a reconnu tout d'abord celui qui l'avait arrêté il y a quelques années, et, s'approchant de lui de la manière la plus affable, il lui dit:
— Vous pouvez, monsieur, reprendre vos fonctions; je sais mieux que personne quels soins, quel dévouement, vous apportez à les remplir.

Le 27 février, sur le passage du cortége qui se rendait à la Colonne de Juillet, un ouvrier, auquel on désignait M. *Arago*, s'écria joyeusement dans ce langage original qui caractérise surtout l'esprit du peuple parisien : « Oh! nous pouvons être tranquilles, puisque nous avons dans le gouvernement un homme qui fait la pluie et le beau temps. »

Une dame du Faubourg-Saint-Germain était au moment d'entrer dans l'église Saint-Sulpice. Quelques hommes armés se trouvaient par hasard à la porte principale de cet édifice : « Entrez, entrez, ma bonne dame, s'écrièrent-ils, et priez Dieu pour la France. »

Un voleur est amené à la mairie du premier arrondissement; on veut le fusiller; il tremble. « Mon ami, lui dit un ouvrier qui l'amène, n'aie pas peur, ce n'est pas pour toi qu'on te fusillera, mais pour donner un exemple à tes *collègues.*

Quelques personnes faisaient, il y a plusieurs jours, dans les rues de Paris, une guerre assez acharnée aux innocents coqs gaulois qui ornent les shakos de la garde nationale.
Ces citoyens, fort bien intentionnés sans doute, ont oublié dans leur zèle que le coq de nos ancêtres est éminemment républicain: ils ont aussi perdu de vue, sans doute, ces admirables vers de V. Hugo:

> Mais c'est le coq Gaulois qui réveille le monde,
> Et son cri peut promettre à notre nuit profonde
> L'aube du soleil d'Austerlitz.

La première caricature qui a reparu dans le *Charivari* représente la déesse de la Liberté assise sur le trône royal, au dos duquel on lit ces mots : *République française.* La déesse est entourée du peuple et de la garde nationale ; un gamin écrit sur la muraille, avec une baïonnette : « 93 ; 27, 28, 29 juillet ; 24 février 1848. » Au bas du dessin se trouve la phrase officielle suivante : « C'est toujours avec un nouveau plaisir, mes chers camarades, que je vous vois réunis autour de moi ! »

Le 23 février, dans la nuit, on a mis le feu au pont Louis-Philippe, il a été détruit à moitié ; il se nommera désormais *Pont de la Réforme.*

Le jeudi 24, dès que la population parisienne apprit et l'abdication du roi et sa fuite des Tuileries, une foule immense, composée de gardes nationaux et de citoyens pour la plupart armés, se rendirent au château, afin de prendre, de par la souveraineté du peuple, possession du trône qu'il venait de conquérir.

Dans cette marche populaire, nous avons remarqué une grisette assez décemment vêtue, de mine plus qu'égrillarde, qui se tenait à la cavalière sur un petit cheval, et guidait une troupe d'hommes chantant la *Marseillaise.* Ce général amazone brandissait un grand sabre avec beaucoup de gravité.

Un repris de justice vole une cuiller d'argent au Palais-Royal. Comme il est aperçu par un citoyen en blouse et en armes, ce dernier lui crie :

— A genoux, voleur !

Le repris de justice s'agenouille.

— Maintenant rends l'objet volé.

Le voleur obéit.

— Ce n'est pas tout, ajoute le combattant, tu vas expier ton crime.

Et il le tue d'un coup de feu.

Un des députés de l'ex-opposition dynastique rencontre samedi soir M. de Lamartine dans la rue de l'Université.

— Eh bien! décidément, lui dit-il, que faites-vous à l'Hôtel-de-Ville?

— Nous remuons le monde, répondit naïvement le grand poëte.

❦

Une bande d'insurgés se rend à Passy et pénètre de vive force dans la demeure d'un jardinier, enrichi au service d'un ancien député du Rhône.

— Ami, lui dirent-ils, le devoir nous appelle aux barricades ensanglantées de Paris, il nous faut des armes, donne-nous les tiennes.

— Je n'en ai pas une seule, répondit le jardinier; regardez, fouillez partout et prenez si vous en trouvez.

— Alors donne-nous 50 francs.

— Les voici.

Les insurgés partirent. Mais un instant après ils revinrent et dirent:

— Tenez, brave homme, reprenez votre argent, nous avons pensé que nous commettrions un vol en le gardant, même pour acheter des armes.

❦

La statue équestre du duc d'Orléans, placée dans la cour du Louvre a été descendue de son piédestal. On a également enlevé les bas-reliefs, ainsi que les inscriptions qui sont remplacées par ces mots:

AUX CITOYENS FRANÇAIS
MORTS POUR LA LIBERTÉ, LA RÉPUBLIQUE RECONNAISSANTE.
23, 24 FÉVRIER.

❦

Voici les inscriptions que nous avons vues écrites sur l'hôtel Guizot: HOTEL DU PEUPLE! PROPRIÉTÉ NATIONALE! AMBULANCE!

On criait dans la foule, en montrant l'hôtel Guizot: BOUTIQUE A LOUER!

❦

Deux volumes manuscrits, reliés en maroquin rouge, et trouvés aux Tuileries, ont été remis entre les mains du Gouvernement provisoire. Ce sont *les Mémoires de Louis-Philippe*, l'ex-roi. Ces volumes ont été déposés à la Bibliothèque-Nationale. Ils se terminent par une phrase qui fournit un singulier rapprochement : Louis-Philippe y exprime l'émotion qu'il éprouva quand les commissaires de la Convention vinrent proclamer la République en face des armées ennemies.

Au moment où le peuple est entré dans l'hôtel du ministère des affaires étrangères, les filles de l'ex-ministre et leur institutrice étaient encore dans leur appartement. Un des serviteurs de la famille a prié les citoyens de ne pas pénétrer jusqu'à ces enfants. Le peuple a aussitôt accédé à cette prière et s'est retiré dans les autres parties de l'hôtel.

A l'hôtel du Luxembourg, on a effacé l'inscription placée sur la porte : *Chancellerie de France*, pour la remplacer par les mots : *Liberté, Égalité, Fraternité.*

On a inscrit sur le fronton de la porte du Palais-Royal, aujourd'hui *Palais-National* : *État-Major de la Garde Nationale.*

La rue *Rambuteau* va prendre le nom de rue de la *République.*

La place et le pont de la Concorde reprennent le nom de place et pont de la *Révolution.*

La place Royale prend le nom de place de la *République.*

La rue de Valois se nomme désormais rue du *24 Février*.

Plusieurs théâtres et les colléges (aujourd'hui lycées) ont changé de nom. La Comédie française a repris le titre de *Théâtre de la République*, l'Opéra celui de *Théâtre de la Nation*, et le théâtre du Palais-Royal celui de *Théâtre Montansier.*

Cinq fois dans une journée M. de Lamartine a pris la parole et s'est adressé au peuple qui l'écoutait sous les fenêtres de l'Hôtel-de-Ville. Voici quelques-unes de ses paroles qui ont été recueillies :

« C'est ainsi qu'on vous promène de calomnie en calomnie contre les hommes qui se sont dévoués, tête, cœur, poitrine, pour vous donner la véritable république, la république de tous les droits, de tous les intérêts, de toutes les légitimités du peuple.

« Hier, vous nous demandiez d'usurper, au nom du peuple de Paris, sur les droits de trente-cinq millions d'hommes, de leur voter une république absolue au lieu d'une république investie de la force de leur consentement, c'est-à-dire de faire de cette république imposée et non consentie la volonté d'une partie du peuple, au lieu de la volonté de la nation entière; aujourd'hui, vous nous demandez le drapeau rouge au lieu du drapeau tricolore. Citoyens! pour ma part, le drapeau rouge je ne l'adopterai jamais, et je vais vous dire en un seul mot pourquoi je m'y oppose de toute la force de mon patriotisme.

« C'est que le drapeau tricolore, citoyens, a fait le tour du monde, avec la République et l'Empire, avec nos libertés et nos gloires, et que le drapeau rouge n'a fait que le tour du Champ-de-Mars, traîné dans les flots du sang du peuple! »

A ce trait du discours de M. de Lamartine, dans cette étonnante séance de soixante heures, au milieu d'une foule irritée, on s'attendrit tout-à-coup pour M. de Lamartine, on bat des mains, on verse des larmes, et on finit par l'embrasser, par prendre ses mains et par le porter en triomphe.

Le poste de quatorze hommes commis à l'hôtel-de-ville à la garde des morts pour la défense de la patrie, a refusé la solde des six derniers jours de service, à raison de 1 franc 50 centimes par jour, et a versé la somme de 126 francs pour les blessés.

Le gouvernement provisoire de la République vient d'abolir la noblesse, bien il a fait; adieu ducs, comtes, vicomtes, marquis, barons et chevaliers, le vent de la révolution vous a tous *balayés* avec la royauté! Bon voyage.

Le blason est maintenant science morte. Les gentilshommes s'en vont avec les rois et les carlins. — Nous regrettons beaucoup les carlins. — Nous nous trompons, il y aura toujours une noblesse, la noblesse de l'esprit, de l'intelligence, du génie, de l'héroïsme et de la vertu; mais celle-là c'est la bonne, C'EST LA SEULE.

Archimède a dit : donnez-moi un levier et un point d'appui et je soulève le monde; le levier est trouvé, c'est le peuple, le point d'appui c'est la liberté.

Un arc-en-ciel s'est formé le 28 février, vers quatre heures, sur Paris. — *Bravo!* s'est écrié un ouvrier du faubourg Saint-Antoine, voilà le bon Dieu qui reconnaît aussi la République française : il arbore le drapeau tricolore.

Le chantre des Martyrs a reproduit le mot qu'il adressa jadis à Armand Carrel. « Si mes sympathies d'enfance sont acquises à une race déchue, ma raison de penseur et mon cœur de citoyen appartiennent à la République, cette reine de l'avenir. »

En 1830, on a vendu une quantité considérable de chevreuils et de cerfs tués dans les forêts de la liste civile. — En 1848, le boulevard des Italiens était encombré de marchands qui livraient à vil prix les perdreaux et les faisans du domaine royal.

LES EX-MINISTRES. — Non, le peuple de Paris n'a pas les instincts sanguinaires; non, il n'a point au fond du cœur l'amour immodéré de la vengeance. — Le fait qui suit le démontre surabondamment

Tous les ministres du gouvernement déchu étaient le 24, vers midi, à l'hôtel du ministère de l'intérieur. La nouvelle de l'abdication et de la retraite de Louis-Philippe leur étant arrivée, ils se sont tous sauvés en sautant par la croisée et en traversant le jardin du ministère du commerce. Arrivés à la porte de la rue de Varennes, ils se sont dispersés dans diverses directions.

M. Guizot s'est enfui sous un déguisement de domestique.

M. Duchâtel avait un manteau qui lui cachait les yeux.

M. Hébert s'était mis des moustaches. On prétend qu'ayant été reconnu par un groupe de citoyens, à la Croix-Rouge, il a pu néanmoins traverser la foule sans en recevoir aucune atteinte.

— Laissons-le passer, dit un jeune avocat stagiaire. Plus le peuple s'élève, plus il respecte ceux de ses ennemis qui sont à terre.

M. Guizot est sorti du ministère des affaires étrangères déguisé en laquais : il est sorti absolument comme il était entré.

On ne peut pas dire que le peuple soit un fainéant : il a balayé, en trois jours, *une cour* et *deux chambres*.

Si les révolutions mûrissent la raison des peuples, on peut dire qu'elles exercent la même influence sur celle des enfants. — Voici une réflexion fort naïve sortie de la bouche d'un enfant âgé de cinq ans, auquel son père, garde national, présentait un jeu de cartes pour jouer à la bataille. Ce jeu est impossible aujourd'hui, répondit le jeune citoyen, puisqu'il n'y a plus ni rois ni reines.

Il n'est pas vrai que le peuple n'aime point, ne comprenne point et ne sache point protéger les arts. On l'a pu voir à la prise du Louvre. Des flots de citoyens inondaient les Musées de peinture. Quelques hommes ayant approché trop près la pointe de leurs baïonnettes des toiles précieuses, des ouvriers s'empressèrent de former un cordon pour empêcher que les chefs-d'œuvre des maîtres ne

fussent crevés ni lacérés. Un élève de l'Ecole Polytechnique, qui était à la tête de ce groupe de patriotes conservateurs, disait en brandissant son épée devant les *Noces de Cana*.
— Respect à Paul Véronèse!

⁂

Le neveu de M. le comte d'Appony s'est trouvé, un soir des jours de combat, dans une barricade où le hasard l'avait conduit. Invité à travailler, il n'hésita pas à quitter ses gants jaunes et passa là toute la nuit à remuer des pavés de la meilleure grâce du monde. Qu'en pensera M. de Metternich?

⁂

Le général Duvivier, auquel le gouvernement provisoire vient de confier le soin d'organiser les 24 bataillons de volontaires levés à Paris, est un élève de l'école polytechnique, où il était entré avec le n° 2. Par un rapprochement assez curieux, c'est lui qui, après la conquête d'Alger, fut chargé d'organiser les volontaires parisiens, dits *Régiments de la Charte*.

Duvivier était alors commandant d'un bataillon de zouaves. Il fut distrait de ce commandement pour cette organisation, dont aucun officier ne voulait se charger. C'est à la tête de ces volontaires parisiens qu'il prit part à l'expédition de Médéah, sous les ordres du général Berthezène. C'est là qu'ils virent le feu pour la première fois et qu'ils s'y firent remarquer par leur courage et leur dévouement. L'armée tout entière lui dut son salut.

La colonne expéditionnaire, partie d'Alger le 25 juin 1831, et composée des deux brigades Buchet et Feuchères, du bataillon de zouaves et de parisiens, arriva le 29 à Médéah. Elle n'avait jusque-là rencontré aucun obstacle sérieux. Les Arabes fuyaient devant elle; mais arrivée au plateau de l'Ouara, elle rencontra un rassemblement de 10 à 12,000 Arabes. Le commandant Duvivier engagea vivement ses Parisiens. Ils se battirent avec aplomb. Les Arabes furent dispersés.

Au retour, la marche fut plus pénible. On avait négligé d'occuper les hauteurs; les Arabes s'y postèrent, et de là firent un feu vertical et meurtrier sur l'armée française, où ils portèrent la désorganisation. Pour comble de malheur, le chef de bataillon du 20° de ligne, qui formait l'arrière-garde, fut blessé; ses soldats s'enfuirent précipitamment, et la retraite se changea en déroute. Officiers et soldats fuyaient sans direction sous les balles arabes.

Duvivier arrête ses volontaires, se jette sur le flanc droit de la colonne, en faisant face à l'ennemi : il s'établit perpendiculairement à la route, la gauche appuyée à la crête des hauteurs, sa droite à la route même. Ce mouvement habile et hardi arrêta l'ennemi et sauva l'armée. Les Arabes arrivèrent en force sur ce point, et attaquèrent avec fureur. Les Parisiens tinrent ferme; près de 150 furent tués; mais cette résistance avait donné à la colonne principale le temps de sortir des défilés de l'Atlas !

PUISSANCE DE LA MUSIQUE.—Dans la soirée du 25, les chœurs des *Orphéonistes* ont traversé la place de l'Hôtel-de-Ville et ont parcouru les quais. Ils portaient une bannière et étaient précédés de quelques hommes armés. Ils chantaient l'air des *Girondins* et un grand nombre d'autres airs nationaux. Malgré les embarras des barricades qui existaient encore en grande partie et malgré l'agitation produite par le grave événement qui venait de s'accomplir, la foule suivait ces chœurs en marchant au pas avec le plus grand recueillement. Aucune voix profane ne se mêlait à ces voix suaves, ou le peuple lui imposait de suite silence. Il serait facile de juger, par ce simple fait, combien le sentiment des arts et de l'harmonie doit exercer une heureuse influence sur le caractère des peuples.

Poésies et Chansons.

Le Déluge [1].

Air *des Trois Couleurs.*

Toujours prophète, en mon saint ministère,
Sur l'avenir j'ose interroger Dieu.
Pour châtier les princes de la terre,
Dans l'ancien monde un déluge aura lieu.
Déjà près d'eux, l'Océan sur les grèves
Mugit, se gonfle ; il vient, maîtres, voyez !
Voyez ! leur dis je. Ils répondent : Tu rêves.
Ces pauvres rois (*bis*), ils seront tous noyés !

Que vous ont fait, mon Dieu ! ces bons monarques ?
Il en est tant dont on bénit les lois !
Des jougs trop lourds si nous portons les marques,
C'est qu'en oubli le peuple a mis ses droits,
Pourtant les flots précipitent leur marche
Contre ces chefs, jadis si bien choyés.
Faute d'esprit pour se construire une arche,
Ces pauvres rois (*bis*), ils seront tous noyés !

Qui parle aux flots ? un despote d'Afrique,
Noir fils de Cham, qui règne les pieds nus.
Soumis, dit-il, à mon fétiche antique,
Flots qui grondez, doublez mes revenus.
Et ce bon, roi, prélevant un gros lucre

---

[1] Il y a quelques mois à peine, le grand poëte du peuple jetait aux monarchies chancelantes un prophétique adieu. Il faut relire aujourd'hui ces strophes éloquentes pour sentir combien la muse populaire est près de Dieu et porte sur les destinées de l'avenir un regard assuré.

Sur les forbans à la traite employés,
Vend ses sujets pour nous faire du sucre.
Ces pauvres rois (*bis*), ils seront tous noyés !

Accourez tous ! crie un sultan d'Asie :
Femmes, visirs, eunuques, icoglans,
Je veux, des flots domptant la frénésie,
Faire une digue avec vos corps sanglants.
Dans son sérail tout parfumé de fêtes,
D'où vont s'enfuir ses gardes effrayés,
Il fume, il bâille, il fait voler des têtes.
Ces pauvres rois (*bis*), ils seront tous noyés !

Dans notre Europe, où naît ce grand déluge,
Unis en vain pour se prêter secours,
Tous ont crié : Dieu, soyez notre juge !
Dieu leur répond : Nagez, nagez toujours.
Dans l'Océan ces augustes personnes
Vont s'engloutir : leurs trônes sont broyés ;
On bat monnaie avec l'or des couronnes.
Ces pauvres rois (*bis*), ils seront tous noyés !

Cet Océan, quel est-il, ô prophète ?
Peuples, c'est nous ; affranchis de la faim ;
Nous, plus instruits, consommant la défaite
De tant de rois inutiles enfin.
Dieu fait passer sur ces flots indociles
Nos flots nouveaux si longtemps fourvoyés.
Puis le ciel brille et les flots sont tranquilles.
Ces pauvres rois (*bis*), ils seront tous noyés !

BÉRANGER.

République.

Univers ! courbe-toi sous l'étendard français ,
Drapeau que l'héroïsme a tissu de victoire !
Qui cherche à l'avilir, ne le vaincra jamais ,
Et qui veut l'abaisser, le relève en sa gloire !
Oh ! bonheur ! les soldats ont renié les rois ,
Ces rois , frêles pouvoirs qui mentaient à nos droits ;

Ils ont, prêtant l'oreille à la voix de leurs frères,
Protégé le pays où les berçaient leurs mères !
Honteux de cette guerre, exécrable fléau,
Où tout soldat qui frappe ensanglante un berceau,
Ils ont, fils de la France et non sujets d'un maître,
Gardé le sol sacré qui les avaient vus naître,
Armés de ce courage émané des grands cœurs
Qui se sentent humains en se disant vainqueurs !

Oh ! bonheur ! Oh ! grand jour où tant de nobles rôles,
Se prenaient à l'envi, quand nos jeunes écoles,
Marchant comme une armée, aux regards triomphants,
Se baptisaient guerriers avec leurs fronts d'enfants !
Où le peuple, sublime en son mâle courage,
Gagnait la liberté, son vrai droit d'héritage,
Dans les trésors des rois ne prenant en tout lieu
Que cette liberté, patrimoine de Dieu !
Oh ! bonheur ! en trois jours, l'arbre mûr de nos pères
A rapporté des fruits généreux et prospères !
Cette liberté sainte où sont morts nos aïeux,
Est conquise sur terre et monte jusqu'aux cieux !

Soixante ans nous l'avons fécondée à nos larmes ;
Car bien du sang, hélas ! a coulé sur nos armes !
Bien des hommes sont morts ! bien de nobles héros
Sont dans ce beau linceul couchés sous leurs tombeaux !
Hier encor de leur sang ils ont rougi la terre !
Peuple, vieillards, enfants, sous la même prière
Sont tombés endormis, nommant la liberté,
Pour s'éveiller ensemble au ciel d'égalité !

Mais tu l'as dit enfin mon Dieu ! ce mot magique,
Trône de l'avenir, ce grand mot : RÉPUBLIQUE !
Plus de sombres terreurs ! Plus de regrets honteux !
Pleurons ceux qui sont morts, mais soyons grands comme eux !

Revêtons notre deuil de joie et d'espérance !
Sourions au soleil qui descend sur la France !
Amour ! fraternité ! tombez comme des fleurs
Sur nos cœurs rajeunis et chassez-en les pleurs !
De l'univers entier le bonheur se prépare !
Regardons ! Regardons ! le ciel allume un phare !
C'est un monde nouveau d'honneur et de vertus !
Un monde où l'or tout seul ne glorifiera plus !

Celui qui s'avilit est celui qui s'abaisse :
Voilà de l'avenir le titre de noblesse !

L'artiste, le savant, l'ouvrier, le soldat,
Tous auront leurs blasons qui grandiront l'État :
Tous au même creuset jetant leur industrie,
N'auront plus que trois noms : Honneur ! gloire ! patrie !
Trinité symbolique, oriflamme vainqueur,
Trois couleurs aux drapeaux, et trois amours au cœur ! !

Hermance LESGUILLON.

République.

Les voilà donc réduits en poudre,
Ces autels où trônaient des rois !
Comme Dieu, le Peuple a sa foudre ;
La foudre est l'écho de sa voix :

Ils se disaient : « Nous seuls nous sommes braves,
  « Nous seuls nous sommes grands ;
« Ce qu'il nous faut, c'est un troupeau d'esclaves
  « Dociles et rampants. »

Ainsi sur eux ils amassaient les haines
  Des plus nobles partis.
Mais le bras fort vient de briser ses chaînes,
  Et les rois sont partis.

Au premier choc des vagues populaires
  Le sol s'est ébranlé ;
Au premier cri de nos chaudes colères,
  Ils ont soudain tremblé !

Où sont-ils donc ceux qui se disaient maîtres,
  Tout brillants d'avenir ?
Princes, vivez : le châtiment des traîtres
  Est de se souvenir.

Le front paré de palmes immortelles
  Et le glaive à la main,
La République étend ses larges ailes
  Sur tout le genre humain.

N'essayez pas d'arrêter dans sa course
 Le flot dominateur ;
C'est le torrent qui, du haut de sa source,
 Roule en triomphateur.

Fille du ciel, glorieuse merveille
 Au regard plein de feu,
Ta voix d'airain résonne à mon oreille
 Comme celle de Dieu.

Par notre sang, ô vierge fécondée,
 Donne-nous des soldats !
La République, enfants, est une idée,
 Elle ne mourra pas !!!

Les voilà donc réduits en poudre,
Ces autels où trônaient des rois !
Comme Dieu, le Peuple a sa foudre ;
La foudre est l'écho de sa voix.

JACQUES ARAGO.

Le réveil du peuple en 1848.

Trompé, trahi par des Mentors esclaves,
Le pauvre peuple endurait les mépris,
On l'entourait de fossés et d'entraves,
Pour comprimer ses efforts et ses cris.
Mais, demi-nu, le Goliath s'éveille
Dressant le poing qu'on voulait mutiler.
Abritez-vous ! potentats de la veille !...
Le GÉANT s'arme ! (*bis*) un trône va trembler !...

Enfants !... la rue est le champ des alarmes,
La trêve expire et bannit le repos !
Entendez-vous le cri : RÉFORME ! AUX ARMES !...
Ce cri se change en millions d'échos.
Paris armé se couvre d'embuscades,
Tout s'amoncèle en rempart crénelé,
Puis, au sommet des hautes barricades,
Le GÉANT monte !... (*bis*) un trône est ébranlé !

Le tube en feu répond à la mitraille ;
Pour la retraite il n'est plus de chemins !
Le plomb mortel, criblant chaque muraille,
Vole en grondant sur les débris humains !...
Le glaive est roi... la foudre est souveraine,
Sous leur niveau tout front doit se courber.
Frémissez-tous... sur la sanglante arène,
Le GÉANT frappe ! (bis) un trône va tomber !...

La troupe cède !... Amis, criez : VICTOIRE !
Le peuple uni déchire ses liens.
Déjà Clio, du temple de Mémoire,
Jette un laurier aux héros plébéiens.
Pour conjurer son destin qui s'achève,
L'orgueil du MAITRE en vain s'est abaissé...
Il est trop tard ! plus de paix ! plus de trêve !...
Le GÉANT marche !.. (bis) un trône est renversé !...

Jetez au vent tout insigne perfide,
Devant qui l'homme exhalait son encens ;
Trône doré, meuble inutile et vide,
Sers d'holocauste aux mânes des absents !
Puis, sur le sol souillé par la Bastille
Frères ! traînez ce siége ensanglanté...
Voyez ! voyez ! sur la flamme qui brille
Le GÉANT souffle !... (bis) un trône est emporté !..

Le chansonnier du peuple,
Louis FESTEAU,
Rédacteur de la *Démocratie pacifique.*

Chœur sur l'air des Girondins.

chanté dans le
CHEVALIER DE MAISON ROUGE.

Par sa voix le canon appelle,
De la France tous les enfants,
Et pour vaincre ou mourir pour elle,
Voyez venir ces combattants.

REFRAIN.

Mourir pour la patrie   (*bis*)
C'est le sort le plus beau, le plus digne d'envie.

Courons sur ces hordes d'esclaves
Qui veulent nous donner des fers,
Prouvons-leur qu'un peuple de braves
Peut vaincre à lui seul l'univers.
   Mourir, etc.

Pour garder notre indépendance,
Aux combats, Français, volons tous,
Que les ennemis de la France,
Vaincus, tombent à nos genoux.
   Mourir, etc.

Aux armes ! vengeons la patrie,
La patrie, hélas ! en danger.
Pour elle risquons notre vie,
Aux armes ! courons la venger.
   Mourir, etc.

Le Chant du Départ.

La victoire, en chantant, nous ouvre la barrière ;
   La liberté guide nos pas.
Et du nord au midi, la trompette guerrière,
   A sonné l'heure des combats.
   Tremblez ! ennemis de la France.
   Rois, ivres de sang et d'orgueil,
   Le peuple souverain s'avance :
   Tyrans, descendez au cercueil.

   La république nous appelle,
   Sachons vaincre ou sachons périr !
   Un Français doit vivre pour elle,
   Pour elle un Français doit mourir !

Que le fer paternel arme la main des braves ;
    Songez à nous au champ de Mars.
Consacrez dans le sang des rois et des esclaves
    Ce fer béni par vos vieillards.
        Et reportant, sous la chaumière,
        Des blessures et des vertus,
        Venez fermer notre paupière,
        Quand les tyrans ne seront plus !
            La république, etc.

De nos yeux maternels ne craignez point les larmes ;
    Loin de nous de lâches douleurs !
Nous devons triompher quand vous prenez les armes ;
    C'est aux rois à verser des pleurs.
        Nous vous avons donné la vie ;
        Guerriers, elle n'est plus à vous ;
        Tous vos jours sont à la patrie ;
        Elle est votre mère avant nous !
            La république, etc.

De Barra, de Viala, le sort nous fait envie ;
    Ils sont morts, mais ils ont vaincu.
Le lâche accablé d'ans n'a point connu la vie ;
    Qui meurt pour le peuple a vécu.
        Vous êtes vaillants, nous le sommes ;
        Guidez-nous contre les tyrans.
        Les républicains sont des hommes ;
        Les esclaves sont des enfants.
            La république, etc.

Partez, vaillants époux, les combats sont vos fêtes,
    Partez, modèles des guerriers ;
Nous cueillerons des fleurs pour en ceindre vos têtes,
    Nos doigts tresseront vos lauriers.
        Et si le temple de mémoire
        S'ouvrait à vos mânes vainqueurs,
        Nos voix chanteront votre gloire,
        Et nos flancs portent vos vengeurs !
            La république, etc.

Et nous, sœurs des héros, nous qui de l'hyménée
    Ignorons les aimables nœuds,

Si, pour s'unir un jour à notre destinée,
    Des citoyens forment des vœux,
  Qu'ils reviennent dans nos murailles.
    Beaux de gloire et de liberté,
    Et que leur sang dans les batailles
    Ait coulé pour l'égalité.
      La république, etc.

Sur ce fer, devant Dieu, nous jurons à nos pères,
    A nos épouses, à nos sœurs,
A nos représentants, à nos fils, à nos mères,
    D'anéantir les oppresseurs.
    En tous lieux, dans la nuit profonde
    Plongeant l'infâme royauté,
    Les Français donneront au monde
    Et la paix et la liberté.
      La république, etc.

CHANT DES MONTAGNARDS

ou

VIVE LA RÉPUBLIQUE !!!

Paroles du citoyen ACHILLE.

Air des *Girondins*.

    Apôtres purs de la montagne,
    Que tout citoyen soit soldat.
    Il est temps d'entrer en campagne,
    Aux despotes livrons combat.
      Vive la République !   (*Bis.*)
Debout, peuple français ! debout, peuple héroïque !
Debout, peuple français ! vive la République !

    Plus d'oppresseurs, plus de jésuites !
    Affranchissons l'humanité...
    Trop longtemps des races maudites
    On fait régner l'iniquité...
      Vive la République ! etc.

    A tous les proscrits sur la terre
    Annonçons de meilleurs destins.

Libres, sous un ciel plus prospère,
Ils rediront dans nos festins :
Vive la République ! etc.

Sur les traces de vos ancêtres
Vous marchez, sublimes toujours,
De Juillet, trahi par vos maîtres,
Vous avez refait les trois jours.
Vive la République ! etc.

L'Helvétie applaudit la France,
Palerme pour nous bat des mains.
Les rois ont leurs jours de puissance,
Mais le peuple a ses lendemains.
Vive la République ! etc.

Sous notre bannière nouvelle
Pour être forts restons unis,
Et que cette union révèle
Notre force à nos ennemis.
Vive la République ! etc.

Dans le Chevalier de Maison-Rouge
Le peuple était insulté ;
Maintenant, avec le drapeau rouge,
Partout il est respecté.
Debout, peuple français ! debout, peuple héroïque !
Debout, peuple français ! vive la République !
Vive la République ! (*Bis.*)

L'Entrée des Tuileries (1844).

Dialogue entre un Ouvrier et un Soldat.

Air : *O Liberté ! que tu dois être belle !*

Où courez-vous ? Regardez où vous êtes ;
Ainsi vêtu, l'on n'entre pas ici ;
De par la loi, les blouses, les casquettes
Restent dehors, sans pitié, sans merci.
Je suis soldat, donc il faut que j'épouse
Cette consigne; à regret, je le dois !

Pauvre ouvrier ! vous n'avez qu'une blouse,
On n'entre pas dans le palais des rois !

Pourquoi, soldat, pourquoi nous faire un crime
De ce qui n'est que la loi du destin ?
Pour mes enfants, ma femme que j'estime,
J'use mes bras en leur gagnant du pain.
Donc, je vaux bien ce riche qu'on renomme,
J'ai de l'honneur suivi toujours les lois.
—Pauvre ouvrier ! vous n'êtes qu'honnête homme !
On n'entre pas dans le palais des rois !

Pourtant, soldat, lorsqu'en quatre-vingt-douze
Le peuple vint habiter ce palais,
Aux ouvriers revêtus d'une blouse
Le roi disait : ce sont tous des Français.
Le teint brûlé par le feu de l'amorce,
Je m'installai dans les plus beaux endroits.
—Pauvre ouvrier ! chacun son tour, la force !
On n'entre pas dans le palais des rois !

L'empire vint, la faveur fut égale,
Et le destin nous combla de lauriers ;
J'étais sergent, la garde impériale
M'admit alors parmi ses grenadiers.
Dans ce palais où la splendeur respire
Assez longtemps j'ai promené ma croix !
—Pauvre ouvrier ! on n'est plus sous l'empire,
On n'entre pas dans le palais des rois !

Quand vint juillet, d'une race flétrie
Voulant enfin déchirer le drapeau,
Soldat d'un jour, au beau nom de patrie,
Le peuple fit l'attaque du château ;
Puis, sous le dais que fuyaient les barbares,
Avec son sang il inscrivit ses droits.
Pauvre ouvrier ! les grands jours sont si rares !
On n'entre pas dans le palais des rois !

Que craignez-vous ? chaque instant, chaque ride;
Quoique je sois un vieux républicain,
Jamais mon cœur ne sera régicide ;

L'opinion ne rend pas assassin.
De vains projets vous aveuglent, vous leurrent,
Les assassins sont souvent maladroits.
Tout comme nous, à leur tour, les rois meurent....
On n'entre pas dans le palais des rois !

La Marseillaise.

CHANT NATIONAL.

Allons, enfants de la patrie,
Le jour de gloire est arrivé :
Contre nous, de la tyrannie
L'étendard sanglant est levé.   (*bis*.)
Entendez-vous, dans ces campagnes,
Mugir ces féroces soldats?
Ils viennent jusque dans vos bras
Égorger vos fils, vos compagnes!
Aux armes, citoyens! formez vos bataillons !
Marchez, marchez, qu'un sang impur
Abreuve nos sillons !
Marchons, marchons, qu'un sang impur
Abreuve nos sillons !

Que veut cette horde d'esclaves,
De traîtres, de rois conjurés?
Pour qui ces ignobles entraves,
Ces fers dès longtemps préparés ?...
Français, pour nous, ah! quel outrage,
Quels transports il doit exciter !
C'est nous qu'on ose méditer
De rendre à l'antique esclavage !
Aux armes, citoyens ! etc.

Quoi ! ces cohortes étrangères
Feraient la loi dans nos foyers ?
Quoi ! ces phalanges mercenaires
Terrasseraient nos fiers guerriers ?
Grand Dieu ! par des mains enchaînées
Nos fronts sous le joug se ploieraient ;
De vils despotes deviendraient
Les maîtres de nos destinées ?
Aux armes, citoyens ! etc.

Tremblez, tyrans, et vous, perfides,
L'opprobre de tous les partis,
Tremblez! vos projets parricides
Vont enfin recevoir leur prix.
Tout est soldat pour vous combattre :
S'ils tombent, nos jeunes héros,
La France en produit de nouveaux
Contre vous tout prêts à se battre.
Aux armes, citoyens! etc.

Français, en guerriers magnanimes,
Portez ou retenez vos coups ;
Épargnez ces tristes victimes,
A regret s'armant contre nous.
Mais ces despotes sanguinaires,
Mais les complices de Bouillé,
Tous ces tigres qui, sans pitié,
Déchirent le sein de leur mère.
Aux armes, citoyens ! etc.

Nous entrerons dans la carrière
Quand nos aînés n'y seront plus ;
Nous y trouverons leur poussière
Et les traces de leurs vertus.
Bien moins jaloux de leur survivre
Que de partager leur cercueil,
Nous aurons le sublime orgueil
De les venger ou de les suivre.
Aux armes, citoyens! etc.

Amour sacré de la patrie,
Conduis, soutiens nos bras vengeurs,
Liberté, liberté chérie,
Combats avec tes défenseurs !
Sous nos drapeaux, que la victoire
Accoure à tes mâles accents !
Que tes ennemis expirants
Voient ton triomphe et notre gloire !
Aux armes, citoyens ! formez vos bataillons,
Marchez, marchez, qu'un sang impur
Abreuve nos sillons !
Marchons, marchons, qu'un sang impur
Abreuve nos sillons !

Le Drapeau de la Démocratie.

Paroles de M. Victor DRAPPIER.

AIR *des Trois Couleurs.*

Le temps n'est plus où les peuples esclaves
Courbaient le front devant les oppresseurs ;
La Liberté veut briser leurs entraves,
La Liberté veut d'ardents défenseurs.
Allons, debout, France, plus d'inertie !
De tes tyrans brave enfin le courroux !
Sous les drapeaux de la Démocratie,
L'heure a sonné, Parisiens, rangez-vous !

L'heure a sonné ; l'abus, ce monstre informe
Qui si longtemps sut entraver nos pas,
Sous les assauts de l'active RÉFORME
Va s'écrouler, étouffé dans ses bras ;
Les cris vainqueurs de la foule grossie
A l'ennemi portent les premiers coups.
Sous les drapeaux, etc.

Rangez-vous tous, que pas un ne recule,
Que pas un cœur ne reste indifférent,
Accomplissant cette tâche d'Hercule,
Que le succès s'organise en courant ;
Le cœur brûlant de la jeune Helvétie
Bat de triomphe et fait des vœux pour nous.
Sous les drapeaux, etc.

Tournez les yeux vers le Sud qui se lève,
Naple et Palerme, après un long sommeil,
Pour nous montrer comment finit un rêve,
En traits de sang impriment leur réveil ;
Leur atmosphère est enfin éclaircie,
Le pouvoir tombe et râle à leur genoux.
Sous les drapeaux, etc.

Peuple, debout ; Paris, reprends les armes,
Combats, triomphe et montre à ses tyrans,
Aux jours de lutte et de grandes alarmes,
Ce que tu vaux et la part que tu prends :

Frapper au cœur leur vaine autocratie,
Peuple indompté, c'est le devoir de tous.
Sous les drapeaux de la Démocratie,
L'heure a sonné, Parisiens, rangez-vous !

Réveil du Peuple.

Air : Vous qui d'amoureuse aventure.

Veillons au salut de l'empire,
Veillons au maintien de nos droits ;
Si l'aristocrate conspire,
Conspirons la perte des rois.
Liberté ! liberté ! que tout mortel te rende hommage !
Tyrans ! tremblez ! tremblez en voyant nos succès !
Plutôt la mort que l'esclavage,
C'est la devise des Français. *(bis.)*

Du destin de notre patrie,
Dépend celui de l'univers :
Si jamais elle est asservie,
Tous les peuples sont dans les fers !
Liberté, etc.

Ennemis de la tyrannie,
Paraissez tous, armez vos bras !
Au fond de l'Europe avilie,
Marchez avec nous aux combats !
Liberté ! liberté ! que ton nom sacré nous rallie !
Poursuivons les tyrans, punissons leurs forfaits !
Nous servons la même patrie
Les hommes libres sont français !

Conclusion.

Un fait immense vient d'être accompli. Pour la troisième fois, depuis plus d'un demi-siècle, Paris a brisé violemment la couronne au front de la royauté. La dynastie d'Orléans est tombée, comme était tombée la branche aînée des Bourbons, sinon pour les mêmes causes, du moins dans des conditions empreintes d'un caractère égal de fatalité. A l'une comme à l'autre, quand elles ont voulu se rattacher à un enfant, il a été répondu : IL EST TROP TARD! Et, sur la chute de l'une, comme sur la chute de l'autre, malgré la différence des saisons, le tonnerre du ciel a grondé après le tonnerre du peuple. Il n'y a plus de trône, il n'y a plus de charte, il n'y a plus de chambres. La société politique, telle qu'elle avait été constitutionnellement organisée ou modifiée depuis trente-trois ans, n'existe plus. Les vieux principes sur lesquels depuis tant de siècles, en France, reposaient le pouvoir et la force publique, ont été déplacés. Ceux qui étaient gouvernés gouvernent. Revanche des journées de Juillet, les journées de Février ont intronisé la dictature de la démocratie armée. Une ère nouvelle est ouverte aux intelligences, aux faits et aux idées, ayant en face le champ sans limites de l'inconnu, dans l'état social et dans l'état politique.

Quels que soient les sentiments que de si grands événements excitent sur ceux qui pensent, ou qu'ils soient éclos avant leur pleine maturité, ou qu'accomplis autrement ils auraient pu suffire aux nécessités de la situation et du degré actuellement acquis de perfectibilité sociale et humaine, il faut savoir leur imposer un silence loyal. Sans récriminations contre ce qui est tombé, sans entraînement pour ce qui s'élève, il faut dignement, bravement travailler dans la mesure du salut de la patrie, à ce que partout la raison de tous ait l'entière liberté de se préoccuper du présent, et des périls qu'il recèle au-dedans comme au-dehors. Puisque le *Caveant Consules* de la Rome antique a dû être prononcé, aidons franchement les consuls à sauver la chose publique, c'est-à-dire l'ordre, l'égalité véritable, tous les principes non de 93, mais de 89, et par-dessus tout, en tout état de cause, la sainte intégrité du territoire, si elle était menacée... L'avenir! nous le réservons. Il est remis à la prochaine assemblée nationale. Quel qu'il soit, nous l'accepterons.

Dans ces limites, assez vastes déjà, cette œuvre suffit à illustrer les plus hautes ambitions de dévouement, de renommée, de pouvoir ; et tous ceux qui écoutent plus la voix de la patrie que les regrets du passé et les illusions de l'avenir prêteront leur concours de pensée, de parole et d'action au gouvernement provisoire de la France. Hors de là, quelle que soit la puissance du fait, quels que soient les prétextes ou les exigences de la satisfaction à donner à certaines idées préconçues, à certains engagements préexistants de parti, soit sur la constitution à donner au pays, soit sur la forme elle-même du gouvernement, nous le disons hautement, comme tout le monde le dit tout bas, il y aurait usurpation flagrante de la souveraineté nationale... Non, la voix du peuple souverain ne peut pas plus être dans quelques clameurs enthousiastes de la place publique, ou au frontispice des actes émanés de l'Hôtel-de-Ville d'aujourd'hui, qu'en 1830, au dire même des membres les plus avancés du gouvernement provisoire, elle ne fut dans les actes et la charte bâclée des 221 de la chambre. Pas plus en 1848 qu'en 1830, il ne faut, par esprit de parti, escamoter le pouvoir constituant, qui dans les démocraties réside dans la nation tout entière, loyalement et légalement convoquée. S'il en était ainsi, si, ce qu'à Dieu ne plaise, il en pouvait être autrement, le gouvernement provisoire, avec le plus parfait instinct des conditions des sociétés démocratiques, amasserait dans un avenir plus ou moins rapproché, mais certain, contre l'établissement qu'il veut fonder, des prétextes, mieux que cela, des raisons de droit, sous lesquelles, tôt ou tard, il n'est point de fait qui ne succombe. Le renversement des royautés de la Restauration et de Juillet n'en a-t-il pas été la preuve?

En parlant de la sorte, nous nous préoccupons surtout des relations que nous avons à renouer avec l'étranger, et que les trois journées de Février ont interrompues, comme les interrompirent les journées de Juillet, comme les interrompent tous changements de gouvernement. Oh! sans doute, dans les premières ardeurs de la victoire, le fusil sur l'épaule et tout floqueté de rubans, un peuple généreux et brave peut se dire : Si notre gouvernement n'est pas reconnu par les puissances étrangères, nous l'aiderons à s'en passer.—Mais c'est la guerre.—La guerre, soit.—Oui, nous revenons ainsi à notre merveilleuse nature, nous ne comptons pas nos ennemis, nous les combattons ; mais ce n'est point à des conditions si faciles que les hommes qui ont pris le gouvernement provisoire de la France se peuvent justifier d'en avoir eu le courage et le dévouement. Historiens ou publicistes, ils savent comme nous que si elles sourient à notre orgueil, les époques où il faut envoyer quatorze armées sur les frontières sont, à fin de compte, des époques où la somme des sacrifices l'emporte sur celle de la gloire. Et parmi tous les hommes qui siègent à l'Hôtel-de-Ville, nous les honorons assez pour espérer qu'il n'en est pas un qui puisse, de sang-froid, songer à remettre la France dans les conditions et dans les voies et moyens de ce grand et sublime effort national. Aujourd'hui donc la tâche du Gouvernement provisoire est de travailler loyalement à ce que la révolution qui vient de s'accomplir soit reconnue et acceptée par l'Europe. Pour cela, il faut que non-seulement dans ses faits, mais dans la constitution de sa victoire, et dans l'organisation politique de son droit, elle ait le concours et la sanction de la souveraineté populaire, librement manifestée.

Hommes des jours de Février, membres du Gouvernement provisoire, tenez pour certain qu'il n'y a pas de puissance, pour si absolutiste qu'elle soit, qui, dans les conditions nouvelles du droit international européen, songe un seul instant à ne pas reconnaître comme parfaitement régulier notre gouvernement, quelle que soit sa forme, si ce gouvernement est le produit du vote régulièrement exprimé de la majorité de notre grande et intelligente nation. Mais aussi, et nous en avons pour garant ce qui s'est passé au retour de Napoléon en 1815, et, en 1830, après l'intronisation de la famille d'Orléans, et, à l'heure qu'il est, sans doute, par votre ministre des affaires étrangères, vous savez déjà si nous avons raison : de quelque nom que vous vous couvriez, quelque souveraineté que vous invoquiez, votre gouvernement deviendrait-il définitif, dans les seules conditions qu'il s'est fait provisoire, tenez pour certain que l'Europe ne le reconnaîtrait pas. Elle saurait qu'il a contre lui les principes du droit que vous avez proclamé vous-même. Elle ne croirait pas à votre durée ; et on ne traite, on ne s'entend qu'avec ce qui peut et doit vivre. La guerre, la guerre ?—Non, non, la France ne doit pas, ne peut pas la vouloir. On dit cela, quand on fait de l'opposition ; mais quand on touche au pouvoir, quand on n'est placé plus haut que pour voir plus loin et plus profondément dans les vrais intérêts du pays, on juge autrement, et comme on a un patriotisme bien entendu, on veut autrement. A moins d'y être contraint par les nécessités de l'indépendance du pays, on ne joue pas, sur les vanités de glorieux bulletins de bataille, l'œuvre civilisatrice, l'œuvre de propagande morale, l'œuvre industrielle qui, par notre belle génération de travailleurs, nous a placés à la tête de la civilisation européenne.

Entre tous les cris que peuvent pousser les partis pour telle ou telle forme de gouvernement, un cri doit dominer tous les autres au-dedans et au-dehors : La France ! la France !

N'insultons pas au pouvoir qui vient d'être foudroyé par la colère de la population parisienne ; soyons juste et généreux envers lui. Aux prises dès sa naissance avec de redoutables et nombreuses difficultés, il a été assez habile, assez énergique pour maintenir l'ordre et la paix en France presque pendant dix-huit ans,—l'ordre et la paix, indispensables à l'entier développement de la civilisation et de la prospérité des empires. Malheureusement pour lui, ce pouvoir a peu à peu oublié son origine ; il a fini par croire qu'on pouvait gouverner une nation comme la France, en s'appuyant exclusivement sur une classe, en empêchant que celle qui est immédiatement au-dessous de cette classe par le chiffre du cens jouît de la plénitude de ses droits politiques. Il s'est abandonné à une sécurité fatale, parce qu'il avait la majorité dans le Parlement; il ne s'est pas dit que cette majorité, qui avait pour elle-même et pour les siens le monopole des faveurs, devait tout naturellement trouver pour le mieux un système qui fonctionnait si régulièrement à son profit; il n'a pas vu qu'il bâtissait sur l'égoïsme d'un parti, c'est-à-dire sur le plus actif des dissolvants; puis, se faisant illusion sur l'esprit de l'armée, oubliant la bravoure enthousiaste et la soudaineté du peuple français, il a voulu intimider par les baïonnettes ceux à qui il avait imprudemment jeté le gant en les traitant d'aveugles et d'ennemis... Il a suffi de quelques heures pour que l'ouragan populaire balayât du sol de la France celui qui avait prononcé ces paroles, lui et toute sa race.

Depuis longtemps, la royauté n'inspirait plus en France ces sentiments chevaleresques sur lesquels elle s'appuyait autrefois : tout son prestige avait disparu. Avant la première révolution, on l'aimait pour elle-même, simplement, parce que c'était la royauté. Depuis, le roi n'a plus été considéré que comme un citoyen investi de la première magistrature du pays. C'est à cette modification démocratique que nos mœurs ont subie qu'il faut attribuer l'indifférence des conservateurs pour le sort de l'ex-roi. Ainsi, l'on a vu M. Dupin, sans la moindre émotion, faisant un réquisitoire tendant à ce que la justice soit rendue au nom du peuple français. Le *Journal des Débats* s'est rallié également à ceux qui ont eu le courage de ramasser le pouvoir dans la rue. C'est là le trait caractéristique de la situation. Pas une larme pour ceux qui s'en vont! On n'a qu'une préoccupation, c'est celle de rétablir l'ordre, et chacun de se rallier, dans ce but, à ceux qui gouvernent provisoirement, quelque éloignés qu'ils soient de son opinion. Nouvelle preuve que tout gouvernement qui n'a pour soutien que l'égoïsme s'appuie sur un roseau brisé.

On ne peut adresser aucun reproche au Gouvernement provisoire, puisqu'il promet d'en appeler à la nation. Si la majorité de la nation se prononce en faveur de la République, eh bien! soyons comme sir Robert Peel, qui, après avoir combattu pendant vingt ans les doctrines de la liberté du commerce, a fini par suivre le flot de l'opinion, les a proposées et fait convertir en lois. Ce qu'il importe avant tout, c'est la grandeur de la patrie. Puisque la royauté s'est suicidée, essayons de la République.

Les hommes qui ont inauguré le nouvel ordre de choses ont eu soin de rassurer la propriété et la famille. Leurs premiers essais de réorganisation sont dans la bonne direction. Ils répudient avec soin les sanglantes traditions de 93. Ainsi, le 24, à l'Hôtel-de-Ville, M. de Lamartine eut le courage de refuser, en présence d'une multitude menaçante, de remplacer les couleurs nationales par le drapeau rouge.

M. de Lamartine, dans le gouvernement, est la branche d'olivier de la démocratie.

Sa nature élevée et sympathique est une garantie contre le renouvellement des excès d'une autre époque.

M. de Lamartine est peut-être le seul homme, quant à présent, qui soit propre à faire reconnaître, sans difficulté, la République française par l'Angleterre. Il donnera son empreinte éminemment courtoise, distinguée, à toutes ses communications avec l'aristocratique lord Palmerston. On sait combien l'aménité des rapports personnels entre diplomates influe sur l'issue des négociations.

La position de l'Angleterre en face de la République de 1848 est tout autre qu'elle n'était en face de la République de 92. Georges III, tory opiniâtre, croyait son honneur engagé à défendre en Europe les prérogatives des rois. D'ailleurs, la République se montrait agressive; le contrecoup de son établissement agitait violemment l'opinion en Angleterre. Georges III sentait que les idées révolutionnaires deviendraient un levier puissant entre les mains du parti de la réforme. D'un autre côté, les finances pouvaient facilement subvenir aux frais de la guerre.

Aujourd'hui, les Anglais ont obtenu toutes les grandes réformes qu'ils ont si longtemps demandées. Emancipation des catholiques, réforme électorale, révision du tarif, toutes ces grandes questions ont été résolues dans un esprit démocratique. La République française ne peut effaroucher beaucoup ni la monarchie, ni l'aristocratie britannique.

Au point de vue financier, il est bien clair que l'Angleterre, pliant déjà sous le fardeau de sa dette, ne se déciderait qu'à la dernière extrémité à déclarer la guerre à la France.

Elle ne trouverait plus en Europe les mêmes éléments de coalition. L'Autriche ne tient plus la Lombardie que par un fil; la moindre commotion peut le rompre; la Hongrie l'inquiète. L'Allemagne a soif d'institutions libérales, et l'Italie et la Suisse nous sont acquises à l'avance.

A l'heure qu'il est, la fraternisation de ces peuples avec la France n'est pas une chimère. A des degrés différents, nous aurons leurs sympathies, si nous savons ménager leurs susceptibilités.

Lorsqu'à l'intérieur éclateront entre nous des dissentiments ou des dissidences d'opinion, sachons toujours conserver l'ordre, et souvenons-nous de la devise qu'on vient d'inscrire sur tous nos monuments publics : *Liberté, Egalité, Fraternité*.

Attendons avec calme le gouvernement qui doit sortir de l'urne populaire. Jusque-là, ayons foi dans le pouvoir provisoire qui nous régit, et répétons avec le chantre des *Messéniennes :*

Peuple, repose-toi, ta semaine est finie.

www.ingramcontent.com/pod-product-compliance
Lightning Source LLC
Chambersburg PA
CBHW061959180426
43198CB00036B/1550